Reflexiones
para encontrar La Verdad (3)

HOMBRE

O

DIOS

Manuel Juan Sánchez

Texto© Manuel Juan Sánchez

Imagen de Portada: Pintura de Manuel Juan Sánchez

Primera edición: septiembre de 2022.

ISBN: 9798846865518

Sello: Independently published

Este libro es el tercer volumen de la colección:

«En la Biblia está la Verdad»

(1) PROBABLEMENTE, DIOS NO ERA DIOS

(2) ESPADACHINES CELESTIALES

(3) HOMBRE O DIOS

(4) UN PROYECTO DIVINO

Jesús no fue cristiano,

ni mucho menos católico;

Jesús fue un ferviente judío.

Y, pese a ello, está en el Cielo.

A la Biblia.

Pues gracias a ella he encontrado La Verdad

ÍNDICE

INTROITO

Los acontecimientos fundamentales que certificaron el dogma de la divinidad del Hijo, encarnado en Jesús, fueron:

- La Concepción, incluyendo tanto la virginidad del sujeto pasivo, María, por su excepcionalidad, como el sujeto activo, por su espiritualidad y santidad.

- El milagro de la resurrección de algún que otro difunto.

- La Resurrección en Cuerpo Glorioso, previa muerte en la cruz.

No obstante, creo que es justo reconocer que tales sucesos no fueron novedosos ni exclusivos, pues, siglos atrás, en naciones más antiguas que el Pueblo Elegido, millones de creyentes de numerosas religiones, consideradas paganas, ya obtuvieron la recompensa del don de la fe en otros cristos que fueron actores de sucesos similares a los atribuidos al Hijo encarnado.

Todo lo demás: La adoración recibida por unos reyes venidos de países lejanos, las aventuras de su niñez, su ocultación durante treinta años, sus numerosos portentos sanadores, sus discursos, enseñanzas, errores e incongruencias, incluso su ajusticiamiento y crucifixión, y hasta su elevación al cielo, todos esos son asuntos de los que algún mortal ha podido ser partícipe en cualquier tiempo.

Capítulo 1. AL PRINCIPIO

Después de leer el Nuevo Testamento, me llama la atención que, de todos los espectaculares prodigios narrados con minuciosidad, nada haya quedado escrito en los relatos de aquellos otros historiadores que fueron contemporáneos. Por ejemplo, es sospechoso, por un lado, que nadie haya contado nada sobre los cientos de demonios que salieron de los cuerpos de los endemoniados, ni de la multitud de resucitados que abandonaron sus enterramientos tras la muerte de Jesús. Por otro lado, que acontecimientos tan extraordinarios y espectaculares solo fuesen contados por un único evangelista.

Tampoco se encuentran historiadores que contaran sobre las sanaciones espectaculares de enfermedades que, supuestamente, eran incurables o de resurrecciones de muertos, según cuentan, bien muertos, ni de las apariciones del Espíritu, ni de aquellas voces celestiales nítidamente escuchadas por los presentes. Todos esos sucesos son muy repetidos en la Revelación, pero si fuese cierto que eran tan exclusivos y sobrenaturales, es razonable creer que habrían dado la vuelta al mundo contemporáneo, difundidos a los cuatro vientos y mantenidos, hasta el día de hoy, en la consabida tradición oral de aquellos pueblos de Oriente. Sin embargo, contra todo razonamiento lógico, solo a algún que otro evangelista se le ocurrió escribirlos.

Tres-Personas-en-Una

Expertos teólogos, tras concienzudos estudios de la Revelación y, seguramente, contrastándolo con la experiencia, la práctica y, en especial, haciendo hincapié en el razonamiento, llegaron a la conclusión de que la Trinidad lo era ya desde el principio de los tiempos. En consecuencia, este dogma certifica que el Hijo ya existía, junto al Padre, desde los tiempos en que absolutamente todo era la nada.

Tuvieron que pasar cinco siglos, desde la muerte de Jesús, para que los cristianos se enteraran de esta trascendental verdad:

Catecismo 233.

Los cristianos son bautizados en "el nombre" del Padre y del Hijo y del Espíritu Santo y no en "los nombres" de estos (cf. Profesión de fe del Papa Virgilio en 552: DS 415), pues no hay más que un solo Dios, el Padre todopoderoso y su Hijo único y el Espíritu Santo: la Santísima Trinidad.

Está clarísimo, para la Iglesia Verdadera no hay más que un único Dios, o lo que es lo mismo: Yahvé, el Padre, que era Dios por sí mismo; más el Hijo, que se encarnó en Jesús, que era Dios por sí mismo; más el Espíritu, el aliento de vida, que era Dios por sí mismo. O sea, ¡todos eran Dios por sí mismos!

Ahora bien, ¿por qué se ha establecido una numeración ordinal que parece otorgar primacías? Aparece como un hecho consumado que la Primera Persona siempre era el Padre, ¿y por qué no el Espíritu? Los mismos que dicen que las Tres tenían indistintamente la misma categoría, son los que han consolidado el orden de prioridad de las Personas: Primera, la que ostentaba el trono central; Segunda, el Verbo o Palabra; Tercera, la Sabiduría o el Espíritu dador de vida. No obstante, es fehaciente el mando que ejercía la Primera sobre las otras dos.

Si las tres eran Dios por sí mismas, ¿tenían las tres el mismo poder e idéntica autonomía? La Biblia está repleta de versículos que demuestran que la Segunda no era autónoma en sus decisiones y que dependía por entero de las órdenes de la

Primera. Ante esta realidad, patente en la Revelación, no me explico la deducción de los teólogos.

Creación en comandita

Catecismo 292.

La acción creadora del Hijo y del Espíritu, insinuada en el Antiguo Testamento, revelada en la Nueva Alianza, inseparablemente una con la del Padre, es claramente afirmada por la regla de fe de la Iglesia: "Sólo existe un Dios [...]: es el Padre, es Dios, es el Creador, es el Autor, es el Ordenador. Ha hecho todas las cosas por sí mismo, es decir, por su Verbo y por su Sabiduría", "por el Hijo y el Espíritu", que son como "sus manos" (San Ireneo de Lyon, Adversus haereses). La creación es la obra común de la Santísima Trinidad.

Entonces, si estaban las Tres y únicamente ellas, tanto lo poco bueno que existe como lo mucho malo que nos invade hay que achacárselo a las Tres Personas en asociación. Además, aquellos mismos sabios dedujeron que jamás pudo haber habido intromisión en la labor de diseño y creación de todas las cosas habidas y por haber.

Una vez que el creyente haya aceptado estos fundamentos, estará receptivo a asumir que el Hijo participó activamente, además de hacerlo en el resto de las cosas, en el diseño y creación de lo siguiente:

El encantador planeta Tierra, pero sometido a demasiados cataclismos.

El espectacular reino animal, pero con seres microscópicos letales.

La maravillosa Naturaleza, pero con la crueldad por la supervivencia.

El bien, pero también demasiados males.

Es decir, el Hijo fue coautor de todo lo malo con el fin de que pudiera existir algo bueno. Porque la omnipotencia y la omnisciencia de las Tres Personas, trabajando en comandita, no fueron capaces de hacer que el bien pudiera existir sin la necesidad del mal. Es posible que, ante esa verdad evidente, haya quien acuda en favor de la Trinidad argumentando que sí eran capaces de haber hecho una creación liberada del mal implícito, pero que no quisieron hacerlo porque no les convenía. Sin embargo, habría otra posibilidad, aunque puede que sea herética: Que las tres quisieran y que, sin embargo, no tuvieran el poder o no supieran cómo hacerlo. También pudo suceder que intuyeran que la vida sería muy aburrida sin la existencia del mal. Además, nunca se ha de olvidar que las Tres-Personas-en-Una solo querían lo mejor para sus criaturas: Una Naturaleza muy animada, en la que los poderosos acabaran con los débiles.

Pero es que, esas omnipotencias y omnisciencias con el añadido de unos amores infinitos, tampoco fueron capaces de diseñar que la Humanidad pudiera desarrollarse adecuadamente en un planeta exento de cataclismos.

Catecismo 279.

"En el principio, Dios creó el cielo y la tierra". Con estas palabras solemnes comienza la sagrada Escritura. El Símbolo de la fe las recoge confesando a Dios Padre Todopoderoso como "el Creador del cielo y de la tierra", "de todo lo visible y lo invisible.

Y continuando con el Dogma, se llega a la conclusión de que el Hijo, también omnipotente y omnisciente, como no podía ser menos, además de amante y misericordioso en grado infinito con todas sus criaturas, fue coautor en el diseño de nuestras enfermedades, participando en la creación de esos virus y bacterias tan mortales para la Humanidad. A eso se refiere el Catecismo al hablar de <todo lo visible y lo invisible>, en referencia expresa a que crearon los animales microscópicos causantes de las pandemias, y a los demonios, incitadores del pecado que nos conduce al Infierno.

Catecismo 291.

"En el principio existía el Verbo [...] y el Verbo era Dios [...] Todo fue hecho por él y sin él nada ha sido hecho". El Nuevo Testamento revela que Dios creó todo por el Verbo Eterno, su Hijo amado. "En él fueron creadas todas las cosas, en los cielos y en la tierra [...] todo fue creado por él y para él, él existe con anterioridad a todo y todo tiene en él su consistencia". La fe de la Iglesia afirma también la acción creadora del Espíritu Santo: él es el "dador de vida" (Símbolo Niceno-Constantinopolitano), "el Espíritu Creador" (Liturgia de las Horas, Himno Veni, Creator Spiritus), la "Fuente de todo bien" (Liturgia bizantina, Tropario de vísperas de Pentecostés).

¿Pudo el Hijo haber hecho que sus amados hijos crecieran y se desarrollaran adecuadamente en una naturaleza libre de microbios infecciosos? ¡Claro que pudo haberlo hecho! Es una verdad que deduzco acudiendo al Dogma. Sin embargo –y aquí me topo de lleno contra la infranqueable mente divina– posiblemente, no quisiera hacerlo. Por eso es tan necesaria la fe, pues, gracias a ella, dicen que es posible comprender que el Hijo, siendo el ser más bondadoso que haya existido jamás, participó en el diseño y creación de toda clase de organismos mortales para sus amadas criaturas. ¿Había previsto, el Hijo, que ciertos desajustes genéticos provocarían graves daños en sus amadas criaturas? Por supuesto que sí.

Todo fue meticulosamente predeterminado por el Hijo, junto con las otras dos Personas. Lo que sucedió es que, gracias a su omnisciencia, sabían que nuestros males eran necesarios para que, milenios después, y nunca antes, el Hijo encarnado pudiera hacer ostentación de su divinidad realizando milagros inigualables. Así debió ser, pues, de lo contrario, la estancia del Hijo en la Tierra no habría tenido tanta repercusión si no hubiera habido enfermos que curar y muertos que resucitar.

Tanto monta, monta tanto

Ahora voy a hacer un ejercicio muy útil para encontrar La Verdad.

Antes, es conveniente recordar el Dogma: Padre, Hijo y Espíritu son tres Personas en una y de la misma naturaleza. Eso, hablando en cristiano, querría decir que las Tres pensarían lo mismo y obrarían de idéntica forma:

Tanto monta, monta tanto,

Padre, Hijo y Espíritu Santo.

Así que no habrá más que sustituir, en algunos versículos del Pentateuco, el nombre de Yahvé, dios padre y señor nuestro, por el del Hijo, nuestro Señor Jesucristo, para constatar si es cierto que ambos entes son consustanciales. Veamos:

GÉNESIS 19,29. Cuando Jesús, el Hijo encarnado, destruyó las ciudades de la llanura...

ÉXODO 12,29. Sucedió que a media noche Jesucristo, nuestro Señor, hirió en el país de Egipto a todos los primogénitos. Pues no había casa donde no hubiese un muerto.

LEVÍTICO 10,2. Entonces salió fuego de la presencia de Jesús que los devoró; y murieron delante de Jesús.

LEVÍTICO 24,13. Jesús, el Hijo hecho hombre, dijo: Saca al blasfemo fuera del campamento, y todos los que le oyeron pongan las manos sobre su cabeza, y apedréele todo el pueblo.

NÚMEROS 11,33. Aún tenían la carne entre los dientes, y no habían acabado, cuando la ira de Jesús se encendió contra el pueblo, e hirió Jesús al pueblo con una plaga muy grande.

NÚMEROS 16,49. Dijo Jesucristo: Retiraos de este pueblo, pues voy a consumirlo en un momento. Murieron por esta plaga catorce mil setecientos...

DEUTERONOMIO 7,12. Destruirás, pues, a todos los pueblos que te entrega Jesús, tu Dios; no los perdonarás, ni servirás a sus dioses.

Ya en el Pentateuco constato una desviación entre este Jesús y el que me han mostrado desde pequeño. Son demasiados los crímenes en los que habría participado Jesús, el Hijo encarnado, en el caso de que el Padre hubiera sido sustituido por él. Así que, visto este intercambio de papeles, me pregunto cómo es posible que el creyente siga asumiendo que ambas personas son la misma entidad.

JOSUÉ 24,20. Jesús, el Hijo encarnado, volverá para traer el mal contra vosotros.

2SAMUEL 12,11. Así ha dicho Jesucristo: He aquí que yo levantaré sobre ti el mal de tu misma casa, y tomaré tus mujeres delante de tus ojos, y las daré á tu prójimo, el cual yacerá con tus mujeres a la vista de este sol.

ECLESIÁSTICO 11,14. De Jesús, tu Dios, vienen los bienes y los males, la vida y la muerte, la pobreza y la riqueza.

¿De verdad estoy obligado a seguir pensando que son consustanciales? ¿He de creer que las Tres-Personas-en-Una piensan y obran de igual manera? Más bien me atrevo a concluir que es imposible intercambiar el rol de ambos personajes sin socavar los cimientos de la verdad que han tratado de inculcarme.

Catecismo 606.

El Hijo de Dios "bajado del cielo no para hacer su voluntad sino la del Padre que le ha enviado"... "El Padre me ama porque doy mi vida". "El mundo ha de saber que amo al Padre y que obro según el Padre me ha ordenado".

El Catecismo, traducido a un lenguaje más comprensible, viene a significar estas verdades:

Que el Hijo -que es Dios por sí mismo- no tenía personalidad suficiente y tenía que acatar la voluntad del Padre.

Que el Padre amaba al Hijo -que es Dios por sí mismo- gracias a que dio su vida.

Que el Hijo –que es Dios por sí mismo- carecía del poder de decisión y, por eso, estaba obligado a obrar según las órdenes que recibía del Padre.

¿Acaso es verdad que las Tres-Personas-en-Una son equipotenciales?

El Cielo

HECHOS 1,9. Dicho esto, los apóstoles lo vieron elevarse, y una nube lo ocultó de la vista de ellos.

Esta escena es verídica puesto que está certificada por alguien que, aunque no fue testigo presencial del hecho, asegura que sucedió; ante el aval de esta prueba estoy obligado a creer que Jesús ascendió por encima de las nubes, sin más ayuda que el impulso divino.

No obstante, añadiré que me da la impresión de que los autores desconocían las enormes dificultades de supervivencia a partir de los diez mil metros de altura. Pero claro, como la Revelación les juraba que, siglos atrás y con menos adelantos técnicos, Yahvé se había llevado, allende las nubes y a pecho descubierto, a Enoc y Elías, pues era inevitable que Jesús fuera a reunirse con los suyos de idéntica forma.

¿Adónde fueron? Lo cierto es que cada día lo tengo menos claro. Siendo niño consiguieron convencerme de la realidad de aquellos relatos. Recuerdo a un profesor, Hermano Marista (año 1957), que nos aseguraba tajantemente que los católicos debían estar seguros de que el hombre jamás podría elevarse más allá de la atmósfera terrestre por la imposibilidad de vencer la gravedad. Aseguraba, el hermano, que Dios había dispuesto así las cosas para que solo los cuerpos gloriosos tuvieran el poder de abandonar la Tierra.

En fin, todas esas historias, más que aclararme algo, hace tiempo que terminaron por hacerme sonreír por ser contradictorias, absurdas e incoherentes. Tanto es así que, allá arriba, podríamos encontrar la siguiente mezcolanza de personajes:

Según certificó el propio Hijo, con aspecto de Jesús, Moisés estaba en el Cielo, pese a que murió y no sabemos que fuera resucitado, pues, de ser así, la noticia se habría escrito multitud de veces. Uno que murió y no resucitó.

Elías y Enoc, que se fueron al cielo directamente con sus cuerpos materiales y seguramente corruptibles, o sea, sin haber sido preceptivamente resucitados y convertidos en cuerpos gloriosos. Dos que ni murieron ni resucitaron. Pero el primero fue santificado y el segundo no.

Jesús que, para regresar con la Trinidad, tuvo que dejarse morir para, posteriormente, ser resucitado por el Padre y, así, conveniente glorificado se fue al Cielo. Uno que murió y resucitó.

Lázaro, que sucumbió a la muerte, pero fue resucitado, aunque no pudo irse directamente al Cielo. Uno que murió y después lo resucitaron, aunque, seguramente, más tarde volvió a morir y, que yo sepa, todavía no ha vuelto a resucitar.

Los ángeles, espíritus inmortales, que ni han muerto ni son cuerpos gloriosos, que utilizan armamento y que, pese a ello, residen en el Cielo.

Y a todo esto... ¿dónde están las almas? Las almas que no son cuerpos materiales, como los de Moisés, Enoc y Elías, que no han resucitado como Jesús y que no son ángeles, ¿también tienen un lugar en el Cielo?

Y la pregunta sin respuesta surge inmediata: ¿Por qué a unos se les permite entrar en la morada de Yahvé con un cuerpo mortal, mientras que a otros se les exige morir y resucitar con cuerpo glorioso?

Y en estos tiempos la verdad se complica. Ahora el Papa, gracias a la pertinente inspiración de la Tercera Persona, nos aclara que esos lugares, Cielo e Infierno, no son espacios físicos sino virtuales, -"son como estados de ánimo en correspondencia con la presencia o ausencia divina"-. Siendo así, ¿dónde están los que he citado anteriormente?

Catecismo 1024.

Esta vida perfecta con la Santísima Trinidad, esta comunión de vida y de amor con ella, con la Virgen María, los ángeles y todos los bienaventurados se llama "el cielo". El cielo es el fin último y la realización de las aspiraciones más profundas del hombre, el estado supremo y definitivo de dicha.

El Papa Juan Pablo II afirmó en una sesión de catequesis, en Julio de 1999, que "el cielo existe, pero no es un lugar físico entre las nubes sino una relación viva y personal con Yahvé". Vino a decir que hablar del cielo como la casa de Dios es una metáfora, ya no se le puede identificar con el cielo ni recluirlo en un espacio físico. Asunto que, hasta las palabras del Papa, el creyente se había creído.

Aquí vuelvo a referirme a lo de antes. Ya que, si el cielo no es un lugar físico, ¿adónde fueron Elías y Enoc? ¿Dónde estuvo Moisés cuando recogió de manos de Yahvé las tablas de la Ley? ¿Adónde fue Jesucristo en su ascensión al Cielo? ¿Dónde están los cuerpos gloriosos resucitados? ¿Adónde fue la Virgen tras su asunción?

El Infierno

Por eso ahora los teólogos de la Iglesia Verdadera se afanan en decir algo parecido respecto del infierno, afirmando que siempre se ha entendido así: "Existe y es una verdad de fe, pero no es un lugar. Es un estado del alma que sufre la pena de la privación de Yahvé." Es decir que el infierno ya no está bajo tierra, una deducción lógica que asumíamos en las catequesis gracias a los volcanes y su furia.

El Papa Benedicto XVI, con el fin de clararlo todo, dijo que el infierno sí existe, que es eterno y que no está vacío, pues allí se encuentran las almas pecadoras.

Catecismo 1034.

Jesús habla con frecuencia de la "gehenna" y del "fuego que nunca se apaga" reservado a los que, hasta el fin de su vida rehúsan creer y convertirse, y donde se puede perder a la vez el alma y el cuerpo.

Pero Jesús, nada menos que la Segunda Persona de la Trinidad, si estaba convencido de que en el Infierno quemaba. Leídas las novedosas catequesis papales, habrá que convenir que el Espíritu que inspira a los vicarios de Cristo, debería haber hecho lo propio con Jesús.

Catecismo 1035.

La enseñanza de la Iglesia afirma la existencia del infierno y su eternidad. Las almas de los que mueren en estado de pecado mortal descienden a los infiernos inmediatamente después de la muerte y allí sufren las penas del infierno, "el fuego eterno". La pena principal del infierno consiste en la separación eterna de Dios en quien únicamente puede tener el hombre la vida y la felicidad para las que ha sido creado y a las que aspira.

Es decir, la doble pena del infierno: El fuego y la privación de Dios. Me sorprende, pues, que los papas no se hayan enterado de que los pecadores no se libran del fuego. Lo cierto es que, según su definición, a las almas les debe dar igual que haga frío o calor, pues son espíritus.

Todo este lío habría que terminar de esclarecerlo para siempre. Porque, por un lado, se insiste en las almas –espirituales- que van al cielo o al infierno, y, por otro lado, se cuenta que los cuerpos resucitados –materiales-, tras el preceptivo juicio, serán salvados o condenados.

Capítulo 2. HOMBRE O DIOS

El Hijo

LUCAS 2,48. Cuando le vieron, se sorprendieron; y le dijo su madre: Hijo, ¿por qué nos has hecho esto? He aquí que tu padre y yo te hemos buscado con angustia. Jesús les respondió: ¿Por qué me buscabais? ¿No sabíais que yo debo ocuparme de los asuntos de mi Padre?

LUCAS 2,52. Jesús iba creciendo en sabiduría, en estatura y en gracia, delante de Dios y de los hombres.

Estos versículos tienen varios asuntos para comentar. Por ejemplo, al referirse a -mi Padre- ¿A quién se estaba refiriendo Jesús? Es posible que estuviera citando a José, quien le habría dejado pendiente algunos trabajos de carpintería. También podría ser que aludiera a Yahvé. Pero si se optara por esta segunda posibilidad, se estaría en la obligación de asumir que aquel niño era consciente de ser el Hijo encarnado, lo cual conllevaría una inteligencia y unos conocimientos infinitos. Por eso, esta alternativa es contradictoria con el segundo versículo, el cual firma que iba creciendo en sabiduría y gracia, queriendo dar a entender que el Hijo había venido sin la preparación suficiente.

Catecismo 126.

Los autores sagrados... siempre nos comunicaban la verdad sincera acerca de Jesús.

MATEO 4,2. Y después de haber ayunado cuarenta días y cuarenta noches, tuvo hambre.

Eso de ayunar tanto tiempo solo está al alcance de los dioses, y ello por dos motivos: Porque lo demuestra la experiencia y porque es obvio que los dioses no necesitan alimentarse. Por lo cual, es evidente que este versículo se contradice a sí mismo. Si Jesús era solo hombre no podría haber soportado cuarenta días sin nada de alimento y, sobre todo, agua. Y si Jesús era Dios no habría sentido hambre. La única posibilidad, imposible de darse, es que lo fuera al 50%. Aunque para la Biblia eso sería lo ideal, cuando le interesara ayunar sería Dios y cuando le apeteciera comer sería humano... ¡Genial!

HECHOS 13,37. Pero aquel a quien Dios resucitó no sufrió la corrupción.

Necesito discrepar de este versículo, porque si no lo hago mi cerebro se bloquea. Si acepto que las Tres-Personas-en-Una eran consustanciales y formaban un único Dios, he de hacer caso a mi mente aceptando que el Hijo, la Segunda Persona, tendría la autonomía propia para resucitarse a sí mismo y no necesitar la ayuda de la Primera Persona.

¿Es posible?

Comenzaré reflexionando sobre las probabilidades de que lo que han contado pudo haber sucedido en algún momento. Antes de continuar creo que es conveniente recordar las definiciones de "posible" y "probable".

Posible: Que puede ser o suceder.

Probable: Verosímil, o que se funda en razón prudente. Que se puede probar. Dicho de una cosa: Que hay buenas razones para creer que pudo haber sucedido o que se verificará o sucederá.

¿Es posible o probable que Dios y Yahvé sean la misma Persona? ¿Pudo suceder o es verosímil, se funda en la razón, se puede probar que Yahvé tuviera intención de ser universal?

Pues bien, las búsquedas de las respuestas a estas cuestiones me llevaron a escribir el libro "Probablemente, dios no era Dios".

¿Es posible o probable que María concibiera del Espíritu Santo y que fuera virgen? ¿Pudo suceder o es verosímil, se funda en la razón, se puede probar que María quedara embarazada del Espíritu y que fuera virgen durante y después del parto?

¿Es posible o probable que el Hijo encarnado no pudiera convencer a sus enemigos? ¿Pudo suceder o es verosímil, se funda en la razón, se puede probar que el Hijo encarnado tuviera miedo, que se ocultara o que pudiera ser tentado por alguien?

Estas imposibilidades e improbabilidades referidas a los sucesos narrados me han dado materia suficiente par escribir este libro.

No importa las contestaciones que se den a esas preguntas, para eso están los dogmas: Para obligar a creer en lo imposible e improbable, en lo absurdo e incoherente. No obstante, no cejarán en el empeño de seguir buscando para encontrar, en siglos venideros, esas pruebas definitivas que durante los últimos veinte siglos no se han encontrado; esa es la vana esperanza que muestra el Catecismo:

Catecismo 66.

Sin embargo, aunque la Revelación esté acabada, no está completamente explicitada; corresponderá a la fe cristiana comprender gradualmente todo su contenido en el transcurso de los siglos.

¿Es posible y probable que Dios no quisiera que, hoy en día, su Revelación todavía no estuviera completamente explicitada? ¿Y Yahvé? ¿Es verosímil que Dios no tuviera capacidad para hacer que su Revelación fuera completamente comprendida desde el primer instante de su inspiración? ¿Por qué no lo consiguió Yahvé?

Estoy convencido, es más, mi fe es absoluta en la creencia de que Dios, hace ya muchos miles de años, habría inspirado una Revelación perfectamente entendible por todos y cada uno de los humanos, sin dudas ni malentendidos. Mas, como no ha sucedido así, solo me cabe concluir que la Biblia no puede ser obra de Dios. Considero que creer lo contrario es irracional, incoherente, pecaminoso, blasfemo, hereje, demoníaco...

Hombre o Dios

Catecismo 464.

El acontecimiento único y totalmente singular de la Encarnación del Hijo de Dios no significa que Jesucristo sea en parte Dios y en parte hombre, ni que sea el resultado de una mezcla confusa entre lo divino y lo humano. Él se hizo verdaderamente hombre sin dejar de ser verdaderamente Dios. Jesucristo es verdadero Dios y verdadero hombre. La Iglesia debió defender y aclarar esta verdad de fe durante los primeros siglos frente a unas herejías que la falseaban.

Cuentan que Jesús era Dios y hombre. Ante este dislate mayúsculo por su patente incongruencia, pregunto: ¿Acaso tenía todos los atributos divinos y todas las imperfecciones humanas?

Dicho de otra forma, ¿era Jesús omnipresente, omnisciente y omnipotente? Si, como asegura el Catecismo, Jesús "no dejó de ser verdaderamente Dios", leyendo la Biblia debería encontrar las pruebas de tal dogma. Pero, por más que leo y releo, no encuentro esas evidencias sino todo lo contrario. Los evangelios conforman un Jesús desconocedor, errado y sin poder de convicción, entre otros defectos humanos.

¿Se puede ser hombre y Dios a la vez? Lo cierto es que el hombre nunca podrá ser Dios, esto es indiscutible. Por eso mismo, creo que habrá poca gente que ponga en duda que Dios nunca podría ser, única y absolutamente, un simple humano, aunque solo fuera durante un instante. En efecto, pues si Dios, haciendo uso de su Omnipotencia, abandonara plenamente su divinidad y se convirtiera en un simple humano al cien por cien, significaría haber perdido todos sus atributos y, consecuentemente, ya nunca más podría retornar a ser nuevamente Dios. La única posibilidad de volver a ser divino se daría en caso de que, por lo menos, una brizna de Dios hubiera permanecido en el cuerpo humanizado, pero, de ser así, se constataría que jamás llegó a ser plenamente humano.

Por otro lado, Siempre que me pongo a meditar sobre si Dios necesita hacer alardes ante la Humanidad, con el fin de ser reconocido, llego a la conclusión de que tal actitud sería imposible. Porque resulta totalmente contradictorio que Dios tuviera que recurrir a ostentaciones para demostrar su personalidad, pues, su sola presencia debería irradiar divinidad hasta inundar las mentes de quienes lo contemplaran. Simplemente por todo eso, y como ya apunté respecto a la improbabilidad de que Yahvé fuese el Dios anhelado, estoy convencido de que el Hijo nunca se habría visto obligado a recurrir a la magia y la milagrería, ya que solo habría bastado su Palabra para convencer a discípulos y enemigos.

HECHOS 10,38. Cómo Yahvé, Dios, ungió a Jesús el Nazareno con el Espíritu Santo, llenándolo de poder.

Este versículo es una clara evidencia de que, al principio del Cristianismo, Jesús no era considerado propiamente Dios, sino que dependía del Padre y de la necesidad de ser ungido por el

Espíritu. Es decir, que por sí solo no tenía la condición divina. En este asunto es conveniente recordar que la consustancia de Jesús y Yahvé fue aprobada en el siglo IV dC, seguramente, tras ser preceptivamente demostrada por los expertos.

MATEO 11,19. Llegó el Hijo del hombre, que come y bebe, y dicen: Es un glotón y un borracho, amigo de publicanos y pecadores. Pero la Sabiduría ha quedado justificada por sus obras.

Independientemente de que la sabiduría de una persona quede justificada por sus obras, es indudable que nadie puede justificar que a Dios se le pudiera denominar glotón y borracho. Sin embargo, la Iglesia Verdadera acepta impertérrita que el evangelio tilde a Jesús, el Hijo encarnado, de glotón y borracho. Lo evidente es que Mateo no consideraba que Jesús tuviera la misma personalidad que Yahvé, pues el evangelista era judío y es obvio que para los judíos Yahvé era incólume y unipersonal.

MATEO 12,32. Al que diga una palabra contra el Hijo del hombre, se le perdonará; pero al que hable contra el Espíritu Santo, no se le perdonará ni en este mundo ni en el futuro.

¡En la Biblia está La Verdad! Mateo estableció una diferencia fundamental entre el trato que recibirá quien atente contra la divinidad, el Espíritu, y quien lo haga contra cualquier otro individuo, por ejemplo, el Hijo del hombre, en referencia a Jesús. Esto refleja la verdad implícita en el Evangelio: Jesús no tenía categoría divina.

MATEO 24,36. En cuanto a ese día y esa hora, nadie los conoce, ni los ángeles del cielo, ni el Hijo, sino solo el Padre.

JUAN 5,19. Entonces Jesús tomó la palabra diciendo: Os aseguro que el Hijo no puede hacer nada por sí mismo sino solamente lo que ve hacer al Padre.

Si el Padre, el Hijo y el Espíritu eran consustanciales y si estaban al unísono desde el principio de los tiempos, lo razonable sería creer que las Tres-Personas-en-Una conocerían todo lo que ha de suceder, no obstante, eso no es lo que dijo Jesús, que reconoció su propia ignorancia. Y la incongruencia es mayúscula cuando el mismo Hijo afirma que nada puede hacer por sí mismo. Y ello vendría a suponer que es un cuento eso de que las Tres Personas son iguales, puesto que el Hijo no tiene autonomía, lo cual se contradice con la lógica de que las Tres, al conformar un único Dios, deberían pensar y actuar al unísono y de idéntica forma.

JUAN 14,7. Si me conocéis, conoceréis también a mi Padre. Ya desde ahora lo conocéis y lo habéis visto. Felipe le dijo: Señor, muéstranos al Padre y eso nos basta. Jesús le respondió: Felipe, hace tanto tiempo que estoy con vosotros, ¿y todavía no me conocéis?. El que me ha visto, ha visto al Padre. ¿Cómo dices: Muéstranos al Padre? ¿No crees que yo estoy en el Padre y que el Padre está en mí? Las palabras que digo no son mías: el Padre que habita en mí es el que hace las obras. Creedme: yo estoy en el Padre y el Padre está en mí. Creedlo, al menos, por las obras.

MATEO 27,46. Hacia las tres de la tarde, Jesús exclamó en alta voz: Elí, Elí, lemá sabactani, que significa: Dios mío, Dios mío, ¿por qué me has abandonado?

La descoordinación en la Palabra la eleva al absurdo mayúsculo. Resulta que las indisolubles Tres-Personas-en-Una, en una circunstancia, afirman que cada una de ellas habita en las otras, mientras que, en otra ocasión -seguramente cuando interesa a los autores del texto-, dicen que se abandonan entre sí. Al asegurar Jesús lo siguiente: -El Padre que habita en mí... Yo estoy en el Padre y el Padre está en mí-; está jurando que el Padre, es decir Yahvé, está dentro de él; por tanto, es una incongruencia que, más tarde, se queje de que el Padre lo ha abandonado.

Es evidente que Mateo, a mediados del siglo I, y Juan, en pleno siglo II, tenían conceptos distintos respecto a las características de la Trinidad.

JUAN 5,26. Así como el Padre dispone de la Vida, del mismo modo ha concedido a su Hijo disponer de ella.

HECHOS 2,32. A este Jesús, Yahvé lo resucitó, y todos nosotros somos testigos. Exaltado por el poder de Yahvé, él recibió del Padre el Espíritu Santo prometido... Por eso, todo el pueblo de Israel debe reconocer que a ese Jesús que ustedes crucificaron, Yahvé lo ha hecho Señor y Mesías.

Sin embargo, Juan y Lucas sí parecen coincidir en la nula autonomía de la Segunda Persona. Ambos evangelistas consideran que quien realmente tiene los poderes es Yahvé, el Padre. Esta postura es absolutamente concordante con la mentalidad judía, y con la del personaje Jesús, cuyo monoteísmo a ultranza negaba la posibilidad de existencia de cualquier otra divinidad que no fuera, única y exclusivamente, Yahvé. Es de notar que Lucas, afín a Pablo, cuenta algo que puede ser, a la vez, incongruente y herético: Jesús, la Segunda Persona, que era Dios por sí mismo, aunque no era autosuficiente, tuvo que recibir de la Primera Persona el espíritu de la Tercera Persona. Además, aun siendo Tres-Personas-en-Una desde hacía una eternidad, la Primera tuvo que hacer Señor a la Segunda. Y, por si esta verdad no está suficientemente contrastada, el Catecismo la aclara definitivamente:

Catecismo 253.

La Trinidad es una. No confesamos tres dioses sino un solo Dios en tres personas... Las personas divinas no se reparten la única divinidad, sino que cada una de ellas es enteramente Dios: "El Padre es lo mismo que es el Hijo, el Hijo lo mismo que es el Padre, el Padre y el Hijo lo mismo que el Espíritu Santo, es decir, un solo Dios por naturaleza"...

HECHOS 2,22. Israelitas, escuchad a Jesús el Nazareno, el hombre que Dios acreditó ante vosotros realizando por su intermedio los milagros, prodigios y signos que todos conocéis. Pero Yahvé lo resucitó, librándolo de las angustias de la muerte, porque no era posible que ella tuviera dominio sobre él.

Y las incoherencias continúan. Del Catecismo, deduzco que el Hijo, siendo enteramente Dios, al igual que el Padre, debería tener autonomía propia, sin embargo, según los evangelios de aquellos mismos que afirmaron ser testigos de lo ocurrido, el Hijo, para sus quehaceres divinos, necesitaba el beneplácito del Padre.

JUAN 8,40. Pero ahora quieren matarme a mí, al hombre que les dice la verdad que ha oído de Dios. Abraham no hizo eso.

JUAN 8,42. Si Dios fuera su Padre, ustedes me amarían, porque yo he salido de Dios y vengo de Él. No he venido por mí mismo, sino que él me envió.

¿En qué quedamos pues, era hombre o Dios? La conclusión a la que llego es que era hombre cuando le interesaba a sus creadores, mientras que, cuando les convenía, pasaba a ser Dios.

Lentos de reflejos

Catecismo 465.

Pero desde el siglo III, la Iglesia tuvo que afirmar frente a Pablo de Samosata, en un Concilio reunido en Antioquía, que Jesucristo es Hijo de Dios por naturaleza y no por adopción. El primer Concilio Ecuménico de Nicea, en el año 325, confesó en su Credo que el Hijo de Dios es engendrado, no creado, "de la misma substancia" [en griego homousion] que el Padre

Me asombro al pensar en las verdades fundamentales que no llegaron a conocer las primeras generaciones de cristianos, incluidos los apóstoles, pues tuvieron que pasar trescientos años para que el Espíritu comenzara a inspirar los dogmas ocultos en la Revelación, entre ellos, el más importante de todos: ¡Conocer a ciencia cierta quién era en realidad Jesús!

Catecismo 466.

El tercer Concilio Ecuménico reunido en Éfeso, en el año 431, confesaron que "el Verbo, al unirse en su persona a una carne animada por un alma racional, se hizo hombre" (Concilio de Éfeso: DS, 250). La humanidad de Cristo no tiene más sujeto que la persona divina del Hijo de Dios que la ha asumido y hecho suya desde su concepción. Por eso el concilio de Éfeso proclamó en el año 431 que María llegó a ser con toda verdad Madre de Dios mediante la concepción humana del Hijo de Dios en su seno: "Madre de Dios, no porque el Verbo de Dios haya tomado de ella su naturaleza divina, sino porque es de ella, de quien tiene el cuerpo sagrado dotado de un alma racional [...] unido a la persona del Verbo, de quien se dice que el Verbo nació según la carne" (DS 251).

A la vista de tan esclarecedoras consecuencias de los concilios, extraigo estas conclusiones:

- Que la Revelación no está hecha para tontos.

- Que los exegetas bíblicos son lentos de reflejos.

- Que la Revelación no tenía intención de revelar a corto y medio plazo.

- Que el Espíritu es partidario de ir revelando con cuentagotas lo más importante.

Catecismo 467.

El cuarto Concilio Ecuménico, en Calcedonia, confesó en el año 451: «Siguiendo, pues, a los Santos Padres, enseñamos unánimemente que hay que confesar a un solo y mismo Hijo y Señor nuestro Jesucristo: perfecto en la divinidad, y perfecto en la humanidad; verdaderamente Dios y verdaderamente hombre compuesto de alma racional y cuerpo; consubstancial con el Padre según la divinidad, y consubstancial con nosotros según la humanidad, "en todo semejante a nosotros, excepto en el pecado" (Hb 4, 15); nacido del Padre antes de todos los siglos según la divinidad; y por nosotros y por nuestra salvación, nacido en los últimos tiempos de la Virgen María, la Madre de Dios, según la humanidad.

Se ha de reconocer a un solo y mismo Cristo Señor, Hijo único en dos naturalezas, sin confusión, sin cambio, sin división, sin separación. La diferencia de naturalezas de ningún modo queda suprimida por su unión, sino que quedan a salvo las propiedades de cada una de las naturalezas y confluyen en un solo sujeto y en una sola persona» (Concilio de Calcedonia; DS, 301-302).

No es cuestión de exigir pruebas, como se hace con todas las sentencias, pero, al menos, se podía pedir algo más de racionalidad.

Catecismo 468.

El quinto Concilio Ecuménico, en Constantinopla, el año 553 confesó a propósito de Cristo: "No hay más que una sola hipóstasis [o persona] [...] que es nuestro Señor Jesucristo, uno de la Trinidad" (Concilio de Constantinopla II: DS, 424). Por tanto, todo en la humanidad de Jesucristo debe ser atribuido a su persona divina como a su propio sujeto (cf. ya Concilio de Éfeso: DS, 255), no solamente los milagros sino también los sufrimientos (cf. Concilio de Constantinopla II: DS, 424) y la misma muerte: "El que ha sido crucificado en la carne, nuestro Señor Jesucristo, es verdadero Dios, Señor de la gloria y uno de la Santísima Trinidad" (ibíd., 432).

Digo yo que todo esto se debería haber sabido ya en los concilios anteriores. Me pregunto: ¿Por qué tan extraordinarias verdades no las expuso el propio Jesús por boca de los evangelistas? ¿Por qué lo más fundamental del Cristianismo le fue ocultado a los discípulos de Jesús?

Verdadero Dios y verdadero hombre

Catecismo 469.

La Iglesia confiesa así que Jesús es inseparablemente verdadero Dios y verdadero Hombre. Él es verdaderamente el Hijo de Dios que se ha hecho hombre, nuestro hermano, y eso sin dejar de ser Dios, nuestro Señor.

Habrán notado el rato que llevo colocando párrafos y párrafos del Catecismo reiterando casi siempre lo mismo. Pero es que es así la verdad que enseña la Iglesia Verdadera, repetir una y o otra vez lo inconsistente con el fin de que se adhiera al cerebro del creyente.

Catecismo 475.

De manera paralela, la Iglesia confesó en el sexto Concilio Ecuménico que Cristo posee dos voluntades y dos operaciones naturales, divinas y humanas, no opuestas, sino cooperantes, de forma que el Verbo hecho carne, en su obediencia al Padre, ha querido humanamente todo lo que ha decidido divinamente con el Padre y el Espíritu Santo para nuestra salvación (cf. Concilio de Constantinopla III, año 681: DS, 556-559). La voluntad humana de Cristo "sigue a su voluntad divina sin hacerle resistencia ni oposición, sino todo lo contrario, estando subordinada a esta voluntad omnipotente" (ibíd., 556).

Se armó la de Dios es Cristo

El buen maestro, el profesor que ama su oficio, se afana en enseñar su asignatura para que sea comprendida por todos los alumnos de su aula. ¿Alguien, en pleno uso de sus facultades mentales, puede creer que Dios, queriendo revelarse al mundo entero, otorgaría una revelación que no fuera comprendida al instante por cualquier humano? Quien lo crea es un chiflado. Pero quien pregona a los cuatro vientos y se atreve a poner por escrito que Dios sería incapaz de hacerse entender, quien afirma que son necesarios siglos y siglos de disputas y concilios interminables para comprender una Palabra que sería fácil viniendo de Dios, quien se comporta así no me cabe duda de que no cree en los atributos que tendría Dios y, por tanto, es un ateo irremediable.

Una parte importante de la historia de la Iglesia Verdadera está reflejada en los numerosos concilios plagados de rencillas, verdaderas peleas y excomuniones. A lo largo de siglos se han planteado asuntos tan variopintos como si Jesús era dios o solo un profeta de Yahvé, o si el Espíritu procedía del Padre o del Hijo, y hasta llegaron a pelearse por definir el sexo de los ángeles.

Las sectas cristianas eran demasiadas y todas pugnaban por sus verdades, en general con diferencias nimias y curiosamente extraídas de la misma Revelación. Ante esas diferencias de apreciación, pregunto: Si el Espíritu es quien tiene la misión de inspirar la verdad en los concilios, ¿por qué no inspiró a todos lo litigantes sectarios las mismas ideas? ¿Por qué inspiró a unos y no a otros? Todos los cristianos anhelaban conocer la verdad incuestionable, por eso no me explico el proceder discriminatorio del Espíritu y su retardo en inspirar asuntos trascendentales y litigiosos.

Con su actitud, no cabe más que deducir que pretendía armar la de Dios es Cristo, como así ocurrió. Ya fuera por discriminación o por incompetencia del Espíritu, el asunto es que transcurren los siglos y la Revelación no está del todo comprendida y, además, cada cual la interpreta a su manera, lo cual deja en mal lugar la calidad de la Palabra.

Capítulo 3. ENGENDRADO, NO CREADO

Conclusiones de un cónclave trinitario

Estaban las Tres, juntas pero no revueltas, pergeñando su plan. Ya habían diseñado qué y cómo crearían, pero ahora se concentraban en encontrar la mejor solución a un asunto trascendental: La Encarnación.

Tres inteligencias infinitas pensando al unísono habían decidido que para perdonar el pecado del hombre, que ellas mismas habían ideado, era imprescindible que una de las tres se rebajara a convertirse en un simple humano. Resulta evidente que eso es un misterio, pero sus razones tendrían para decidir que para sentirse resarcidos por el mal que otros hacen, una de ellas tenía que pasar por el trance de la humillación y el sacrificio.

Es bien sabido, porque, según cuentan, ha sido convenientemente probado y, sobre todo, está demostrado por la fe de los creyentes, que en el principio de los tiempos la Trinidad planificó todo lo que ha sucedido y sucederá. Y dentro de ese plan, se había convenido que el Hijo se encarnaría por obra y gracia del Espíritu. Es decir una actitud que no sé si calificar como grotesca, paranoica o propia de una inteligencia tan extraordinaria que resulta un misterio y, por ende, indemostrable.

Siendo consustanciales las Tres-Personas-en-Una y conformando una Trinidad indisoluble, resulta que decidieron que la Tercera engendraría a la Segunda. Esto lo puedo explicar mucho mejor.

¿Cómo conseguir que una de ellas se convirtiera en un auténtico hombre? El Hijo, inmensamente infinito, tuvo dos opciones a la hora de ser encarnado.

Una, minimizarse hasta convertirse en un ágil espermatozoide introducido por el Espíritu y que, correteando, llegara en primer lugar la meta del óvulo. Dos, reducirse a un simple embrión humano y ser introducido por la Segunda Persona en el vientre materno. Posiblemente estudiaron otros métodos, pero nadie dudará de que estas dos posibilidades son las únicas factibles pera llegar ser auténticamente humano. Finalmente triunfó la propuesta más racional.

-Y el Verbo se hizo carne- De las Tres Personas, la Primera no podía ser, es obvio. La Tercera, tampoco porque era Espíritu puro y, como tal, era imposible que se convirtiera en materia pura, y ello pese a la omnipotencia. Así que le tocó a la Segunda, el Verbo, que es tanto como decir el Hijo.

Ante esta realidad, me pregunto si los componentes de los diferentes concilios, que tardíamente certificaron esas verdades, conocían al detalle los únicos mecanismos por los que una mujer puede quedar embarazada. Por otro lado, no hay más que pensar un poco en los graves riesgos que corrió el Hijo al convertirse en esperma o embrión absolutamente humanos.

Secretos de alcoba

JUAN 6,42. Decían: ¿Acaso este no es Jesús, el hijo de José? Nosotros conocemos a su padre y a su madre. ¿Cómo puede decir ahora: Yo he bajado del cielo?

Voy a intentar aclararme. El versículo de Juan creo que es contradictorio pues, según deduzco de la lectura de los Evangelios, del Catecismo y del Magisterio, la concepción de María debió ser pública y notoria, como también lo fue el nacimiento de Jesús. Y llego a esta deducción porque, aunque unos asuntos tan fundamentales no fueron relatados por todos los evangelistas, los autores que tuvieron a bien informar sobre aquellos sucesos dieron a entender que todo el pueblo conocía la extraordinaria venida de Jesús y, por eso, al ser de dominio público, ellos pudieron escribirla. Además, contaban con la socorrida tradición oral. Pues bien, esta idea que habían conseguido inculcarme en las catequesis es discordante con la extrañeza que mostraron los conciudadanos de Jesús al oírlo decir -Yo he bajado del cielo-.

Así que una de dos. O mienten cuando revelan que se divulgó la noticia de lo acontecido respecto a la concepción de María y al nacimiento de Jesús, o mienten cuando dicen que los vecinos se extrañaban de los prodigios que realizaba.

Pero, yendo al meollo del asunto, aquello debió suceder, más o menos, así:

Dijo Yahvé: Estamos en la fase más importante de Nuestro Proyecto. Ya hemos ideado a la mujer idónea que nos recibirá en su seno, ahora nos toca diseñar con sumo detalle nuestra encarnación.

Y diseñaron los entresijos de su encarnación.

Y les pareció bien.

Todas los acontecimientos habidos hasta ahora, en especial aquellos relacionados con las escenas creativas, se saben gracias a que los autores fueron inspirados por Yahvé, y si hasta ahora él había tenido cuidado en que lo escrito fuese exactamente igual a lo inspirado, aunque es obvio que muchos fallos se le escaparon del control, a partir de ahora el cuidado sería mucho mayor, pues venían las fases más decisivas en las que el principal inspirado, Pablo, debía poner sus cinco sentidos al servicio del Proyecto.

Asuntos embarazosos

JUECES 11,39. Ella se fue a las montañas con sus amigas, y se lamentó por haber quedado virgen...

La hija de Jefté no estaba orgullosa ni satisfecha por haber permanecido virgen. Tal como parece, las jóvenes judías no aceptaban gustosamente el morir vírgenes, eso era considerado un oprobio, algo así como una maldición divina. Igualmente les sucedía a los varones célibes, que eran mal mirados al ser considerados unos maldecidos por Yahvé. No obstante, él había ideado que aceptaría ciertas excepciones, por eso María pudo ser virgen sin ser criticada y el Hijo pudo permanecer soltero sin menoscabo de su orgullo varonil.

Yahvé conocía lo que iba a suceder porque así lo ideó. Ya había previsto que antes de que se relatara la Encarnación del Hijo, surgirían numerosos cristos repartidos por los pueblos paganos, lo cual vendría muy bien para la aceptación de la noticia de la llegada del Hijo. La idea fundamental que Yahvé había conseguido inculcar se basaba en que una persona para poder recibir la denominación de cristo, era imprescindible que naciera de una mujer virgen. Y en este caso concreto, esa mujer sería un pilar en el que se sustentaría la religión encargada de rematar su Proyecto. Así fue como Yahvé modeló una madre que fuera virgen antes de la concepción, durante el embarazo y, lo más importante, después de dar a luz.

Y ya puestos en faena, estaba previsto que, cuando llegaran los momentos en que Yahvé inspiraría a los autores del Antiguo Testamento, se incorporaría a la Revelación algún pasaje que los creyentes pudieran entender como una estupenda evidencia profética que avalara esa verdad irrefutable... ¡y la encontraron!

MATEO 1,22. Todo esto sucedió para que se cumpliera lo que el Señor había anunciado por el Profeta: La virgen concebirá y dará a luz un hijo a quien pondrán el nombre de Emmanuel que traducido significa: Yahvé con nosotros.

Ahí, Mateo se refería a lo profetizado por Isaías. Mas, haciendo un inciso, considero conveniente comentar un hecho muy común en las traducciones bíblicas. Respecto al versículo de Isaías, se puede consultar, de una parte, la versión de Catholic.net que, honestamente, traduce a Isaías así: -la joven está embarazada-; mientras que, de otra parte, la editorial Prensa Católica es recalcitrante al decir: -la virgen concebirá-.

ISAÍAS 7,14. Por eso el Señor mismo os dará un signo. Mirad, la joven está embarazada y dará a luz un hijo... (Versión de la Biblia online de Catholic.net).

ISAÍAS 7,14. Por tanto el Señor mismo os dará una señal: He aquí que la virgen concebirá y dará a luz un hijo... (versión de la editorial Prensa Católica).

Para aclarar esa duplicidad interpretativa, traigo aquí una opinión experta sobre el problema de la traducción *virgen* en Isaías 7.14, por Héctor Benjamín Olea Cordero (Presidente del Instituto Dominicano de Ciencias Bíblicas IDCB, Inc.):

Como hemos dicho, la palabra específica para virgen en el AT es betuláh y esta no es precisamente la que aparece en Isaías 7.14, sino almáh que inicialmente no demanda la traducción de "virgen" sino de "joven", pues su referencia primaria es a una muchacha o joven en edad casadera, que bien pudiera ser virgen, pero que necesariamente no tiene que serlo...

Finalmente podemos afirmar que Isaías 7.14 no es una profecía de Mateo 1.23, y que, por lo tanto, Mateo 1.23 no es el cumplimiento profético del texto hebreo que se encuentra allí. La razón de que Mateo pueda tomar como referencia a

Isaías 7.14 y presentar lo ocurrido con María y Jesús como cumplimiento profético de dicho pasaje, es porque estaba leyendo la versión griega de dicho texto. El autor del evangelio de Mateo llama a María "virgen", como cumplimiento de Isaías 7.14, porque la palabra que usó la Septuaginta tiene ese sentido. Sin embargo, insistimos en que la traducción "virgen" en este pasaje no fue ni es una adecuada traducción.

Algo que sí podemos decir es que con el sentido que tiene la palabra griega usada en el texto griego de Isaías 7.14 para traducir la hebrea betuláh, este pasaje recibió en la traducción un sentido y una perspectiva que no tuvo en el original. Y como esta forma del texto fue la que conoció el autor del evangelio de Mateo, es comprensible y aceptable que hable de un cumplimiento profético. Por otro lado, es cierto que Isaías tanto en su forma hebrea como griega es reconocido como un libro perteneciente a la literatura profética del AT. Lo lamentable es que muchas versiones castellanas nos han transmitido una forma cristianizada de Isaías 7.14 y por tal razón mantienen la palabra "virgen" en dicho pasaje...

Conclusión: Mateo 1.23 no es el cumplimiento profético del texto hebreo de Isaías 7.14. La teología de Mateo que halla base para afirmar, no la virginidad de María, sino que es el cumplimiento profético de lo dicho por Isaías, se sustenta en una traducción griega desacertada del texto hebreo de Isaías 7.14, muy posterior a la fecha del texto hebreo (de alrededor del siglo III al II a.C.). De todos modos, María pudo ser "virgen" sin que pueda o deba decirse que es un cumplimiento profético del texto hebreo de Isaías 7.14. Finalmente no olvidemos que el texto primario y fundamental para la exégesis del Antiguo Testamento es el texto hebreo, y mucho más sólida se hizo esta premisa después de los resultados obtenidos con el hallazgo de los manuscritos del Mar Muerto en 1947.

Creo que las traducciones modernas de la Biblia deben hacerle justicia al sentido del texto hebreo de Isaías 7.14, y traducir en consecuencia. Luego, con relación a Mateo 1.23, pienso que se hace necesaria una nota al pie de página que le explique al lector, de manera adecuada, la dependencia de lo dicho por Mateo de la versión griega del texto de Isaías 7.14.

Lo ocurrido con la lectura del texto griego de Isaías 7.14 que hace el autor del evangelio de Mateo y la conclusión teológica a la que llega, nos ilustra muy bien la dependencia que tienen nuestras conclusiones y elaboraciones teológicas de la forma del texto en la cual se sustenta nuestra labor de interpretación bíblica y de elaboración teológica.

Pues así se escribía la verdad contrastada. Es muy fácil, Yahvé influiría para que se cometiera un desliz muy conveniente en la traducción y, a partir de ahí, ya teníamos la profecía como una prueba evidente sobre la virginidad de María. En adelante, no había más que insistir acaloradamente en el dogma de fe para obtener la figura de la auténtica Inmaculada Virgen María.

LUCAS 1,31. Vas a concebir en tu seno y vas a dar a luz un hijo, a quien pondrás por nombre Jesús... María respondió al ángel: ¿Cómo será esto, puesto que no conozco varón? El ángel le respondió: El Espíritu Santo vendrá sobre ti y el poder del Altísimo te cubrirá con su sombra; por eso el que ha de nacer será santo y será llamado Hijo de Yahvé.

"Y el poder del Altísimo te cubrirá..." Según la RAE, estos son algunos de los sinónimos de la palabra "cubrir": Ocultar, esconder, tapar, enterrar, encubrir, techar, envolver, recubrir, revestir, tapizar, forrar, montar, copular, fecundar... Es cuestión de escoger la que mejor encaje con la escena que describe el versículo.

No es creíble que María, casi una niña e inocente en grado excelso, estuviera tan bien informada respecto a cómo se hacen los niños -en mis tiempos mozos, había chicas que desconocían el procedimiento-. Llama, pues, la atención que María, la inmaculada, a tan temprana edad ya hubiera sido convenientemente aleccionada de que era necesario conocer a un varón y otras cosas. Aunque, lo que más me sorprende es que fuera contando a los cuatro vientos sus secretos de alcoba, explicando con pelos y señales cómo quedó embarazada. Esa es la única explicación que cabe ante el hecho de que los autores sagrados conocieran lo ocurrido. Además, es sabido que entre aquellas gentes, judías recalcitrantes de pensamiento y obra, se trataban con gran seriedad los asuntos extramatrimoniales. Y aquí, en la Revelación, aparece una incongruencia supina, pues si algún evangelista narró lo sucedido, es que María lo había contado, y la Ley emanada de Yahvé ordenaba la lapidación de toda mujer adúltera y, a los ojos de los judíos, María cometió adulterio, y ello sin importar que el adúltero fuera el Espíritu de Yahvé, una justificación que el pueblo y los sacerdotes entenderían como una irreverente excusa blasfema.

Por eso contemplo aquel suceso bajo varias posibilidades.

- Que María contara a José lo sucedido. Lo razonable es que ambos mantuvieran el secreto; pues, obrando así, ella eludiría el escarnio y el ineludible juicio por adulterio. Para el pueblo quedaría como un suceso normal: José dejó embarazada a María antes de tiempo... Pero esto no es lo que contaron quienes fueron testigos fieles de lo ocurrido.

- Que María o José se fueran de la lengua. Esa indiscreción provocaría la mofa del pueblo, tildando a María de visionaria, y la ira de los sacerdotes, acusándola de blasfema. María, entonces, sería sometida a juicio ante el tribunal sacerdotal y, muy probablemente, condenada a ser lapidada en público...

Pero esto no es lo que contaron quienes fueron testigos fieles de lo ocurrido.

- Que María y José difundieran la extraordinaria noticia. El pueblo se sintió regocijado por haber tenido tan cerca el Espíritu de Yahvé, y los sacerdotes no solo no condenaron a María, si no que la colmaron de bendiciones por haber sido la elegida de Yahvé para tan dulce prueba... Pero esto no es lo que contaron quienes fueron testigos fieles de lo ocurrido.

¿Entonces?

Yahvé inspiró al autor para que escribiera que María quedó encinta por obra y gracia del Espíritu y que intentó ocultar tan insuperable acontecimiento. Que José se percató del embarazo y que, obrando en justicia, le sentó muy mal porque no se lo tragó, pero que ambos acordaron silenciar lo sucedido. A continuación, Yahvé inspiró que en la Revelación se dejara entrever que al menos uno de los esposos incumplió el acuerdo, difundiéndolo con todo lujo de detalles, esa era la estratagema divina diseñada para que pudiéramos enterarnos. Y como Yahvé ideó que no hubiera manifestaciones en contra, he llegado a suponer que tanto al pueblo como a los sacerdotes les pareció un cuento perfectamente creíble. Esto sí es, más o menos, lo que han contado quienes fueron testigos fieles de lo ocurrido; aunque esta versión se contradice con lo expresado en Juan 6,42, versículo que puse al inicio de este capítulo.

Sé de gente que dice que esta versión oficial de lo sucedido no concuerda con la razón; no obstante creo conveniente recordar que así fue proyectado por Yahvé y que, en vista de que a los humanos les resultaría increíble la historia, él ya había ideado, en su Proyecto, convertirlo en un dogma de fe para evitar posibles discusiones.

Otro asunto peliagudo es adivinar cómo se llevó a cabo el trámite, pues la Revelación no tuvo a bien revelar tal misterio.

Ya hubo un antecedente que acarreó funestas consecuencias, me refiero a la historia ya citada de los "Hijos" de Yahvé acostándose con mujeres. Entonces, ellos mismos pudieron comprobar que la cosa funcionaba. No obstante, resulta incuestionable que en todos estos casos no debió utilizarse el método clásico y, con mayor motivo la Tercera Persona, la razón es obvia: el portador era, además de espíritu, santo y puro; tres características incompatibles con el acto necesario. Ahora bien, la razón me impele a no desechar la idea viable de que María fuera inseminada artificialmente, incluso con una fecundación "in vitro" procedente de embriones celestiales. Este método alejaría todas las dudas sobre su virginidad, además hoy en día podría ser asumido plenamente.

Sin embargo, hay una opción que parece más verosímil por las cosas que cuentan los sabios, ya que es verdaderamente razonable, factible y lógica, eso dicen; me refiero a que el Espíritu, haciendo uso de la sutileza, se introdujera en el cuerpo de María y la dejara embarazada. Y está claro que, siendo espíritu, no dejó huellas en su penetración, por lo que María permaneció virginal. Eso es lo que la Iglesia Verdadera, deduciéndolo de los evangelios, aplica al término sutilidad referida a los cuerpos gloriosos: -Es la propiedad por la cual el cuerpo se hará semejante a los espíritus en cuanto podrá penetrar los cuerpos sin lesionarse ni lesionar-. Una propiedad que debió tener muy en cuenta Yahvé en su Proyecto, por lo que es posible que este fuese el método diseñado por la Trinidad para que la consumación de su propia Encarnación pudiera ser creíble.

Hay otra cuestión enrevesada que tampoco ha sido convenientemente revelada. Me refiero a ese portento que cuentan de que María, después del parto, continuó siendo virgen, en el sentido que aquellos primitivos entendían. Téngase en cuenta que Jesús nació sin disponer de la sutilidad de un cuerpo glorioso. Por tanto, los creyentes se ven obligados a creer firmemente que la partera que atendió a María conocía la técnica y, por eso, pudo proceder a restaurar sobre la marcha el roto de María; igual que hoy se hace con las niñas gitanas y árabes desfloradas antes de su hora.

Algo más difícil de creer es que le pudiera haber practicado una cesárea, porque, de haber sido así, el Hijo sería conocido como nonato, y este no fue el caso. Fuera como fuese, el asunto es que los humanos continuamos a la espera de que los doctos exegetas nos desvelen uno de los secretos mejor ocultos en la Revelación, asunto que redundaría muy positivamente en favor del dogma.

Y hablando de asuntos embarazosos, es conveniente recordar la estratagema que urdió la Iglesia Verdadera para escabullirse del peligro que suponía el apodo Nazareno con el que se conocía a Jesús. Se inventaron la aldea de Nazaret. El propio Dr. Enrique Cases reconoce en su Vida oculta de Cristo:

Ni el Antiguo Testamento ni los historiadores del siglo I la mencionan, y los propios contemporáneos de Jesús le otorgan escasa relevancia...

Ningún personaje del Nuevo Testamento mostró interés por conocer el lugar donde se crió Jesús. Es razonable creer que los evangelistas y, en especial Pablo, deberían haber tenido una cierta inclinación a visitar la aldea donde su Maestro se movió durante treinta años de su vida y, así, recibir información de primera mano sobre las andanzas de Jesús. Creo que no lo hizo porque la aldea no existía.

Inseminación espiritual

Yahvé, con su inteligencia suprema, había ideado aquella prueba sutil que certificaría la infecundidad de Sara. En efecto, si ella solo se hubiera acostado con su esposo Abraham, podríamos pensar que él era el único culpable de la esterilidad matrimonial; sin embargo, al hacerla yacer con otros hombres y no quedar embarazada, sería la demostración de que la estéril era Sara; de esa forma, su esposo quedó a salvo de la ignominia de no estar capacitado para ser padre. Para Yahvé era primordial que este asunto quedara muy claro, así se arrogaba el exclusivo poder de embarazarla y por eso no le importó idear los adulterios de Sara consentidos por Abraham.

Hoy, para los humanos, ya no supone un milagro eso de la inseminación artificial; por tanto, para Yahvé pudo ser una práctica muy fácil. No se ha de olvidar que numerosos varones importantes del pueblo elegido nacieron de madres estériles gracias a una intervención milagrosa; como la madre de Gedeón, Ana, y la madre de Sansón, entre otras.

GÉNESIS 25,21. Isaac rogó a Yahvé por su mujer, que era estéril. Yahvé accedió a su ruego, y Rebeca su mujer concibió.

HEBREOS 11,11. Por la fe también la misma Sara, siendo estéril, recibió fuerza para concebir simiente; y parió aun fuera del tiempo de la edad, porque creyó ser fiel al que lo había prometido.

LUCAS 1,11. Se le apareció el Ángel del Señor, de pie, a la derecha del altar del incienso. Al verle Zacarías, se turbó, y el temor se apoderó de él. El ángel le dijo: No temas, Zacarías, porque tu petición ha sido escuchada; Isabel, tu mujer, te dará a luz un hijo, a quien pondrás por nombre Juan...

Casualmente, de esos hechos, como de otros muchos, no hay testigos oculares. Es más, se ha de reconocer, afortunadamente, que esos dogmas que certifica la Revelación se beneficiaron de la inexistencia de los preceptivos análisis comparativos de ADN; aunque, por otro lado, estoy seguro que hubiera sido imposible someter a dicho análisis una muestra del Espíritu de Yahvé para confirmar su paternidad. En el caso de la concepción de Juan el Bautista, el autor lo aclara para que no haya dudas: -Toda la multitud del pueblo estaba fuera...- No obstante, lo anterior, esas historias han de ser absolutamente creíbles por el creyente, porque así lo certifica la Biblia y punto

Ahora bien, ¿de quién salía aquel efectivo esperma que embaraza a las mujeres a la primera, sin importar sus edades? ¿Acaso emanaba de los espíritus celestiales? ¿Un espíritu está capacitado para inseminar a una mujer? Encuentro aquí una enorme incongruencia, pues esa acción sería materialmente imposible por la incompatibilidad, según aseguran los sabios, entre las naturalezas celestial y humana. Para ser compatibles, los ADN de los participantes deben pertenecer a la misma especie animal ya que, de no ser así, la descendencia a lo más que aspiraría es a ser híbrida; y este no era el caso de algunos de aquellos santos varones puesto que, según asegura la Biblia, tuvieron descendencia. Historias tan verosímiles como esas son las que vendrían a suceder, más o menos, en las experiencias contadas por esas señoras que afirman, muy convencidas ellas, haber sido abducidas y poseídas por extraterrestres; son narraciones similares, con la única diferencia de que ninguna revista de ovnis ha sido hasta la fecha consagrada, aunque es cierto que quienes creen con fe ciega en la realidad de los extraterrestres también adoran con devoción esas publicaciones.

Y hablando de historietas, ahí tenemos algunos novelistas y guionistas que han explotado ese dogma que certifica la posibilidad de que los espíritus pueden inseminar mujeres. Han hecho esta deducción lógica: Si el Espíritu de la Trinidad puede y sabe cómo, por qué no el Espíritu Maligno, también, ha de poder y saber. Y dado que para ser calificado de demonio no es necesario tener una madre virgen, pues cualquier mujer les vale. Y montan unas tramas espectaculares de mujeres pariendo demonios...

Incidiendo en lo que implica la santidad –la Iglesia Verdadera estará de cuerdo en esto-, si el Espíritu era santo jamás pudo cometer actos impuros; además, yacer con una mujer con la que no se está desposado es cometer adulterio, por muy santo que se sea. Téngase en cuenta que la ley es igual para todas y todos; además, la Trinidad no puede ir contra su propia Ley. Fuera como fuese, lo cierto es que aquel extraordinario suceso, acaecido en la concepción del Hijo, fue debidamente divulgado por todas las naciones para conocimiento de las generaciones venideras; pero sucedió, desafortunadamente, que todos los historiadores de la época prefirieron silenciarlo, tal vez porque lo consideraron inverosímil.

Resumiendo. ¿Con qué me quedo? De una parte, un Espíritu que no pudo embarazar a María, precisamente porque era espíritu y santo. De otra parte, la inseminación artificial, que era un método no acorde con los conocimientos primitivos. Y, respecto a las posibilidades expuestas anteriormente, referidas a un embarazo por métodos naturales, son contradictorias con la razón indiscutible que aporta la fe ciega en el Dogma de la Encarnación... En definitiva, un misterio todavía sin revelar y que Yahvé ideó mantenerlo celosamente oculto hasta el final de los tiempos.

Un acto inmundo

Es de fe creer que la inseminación se realizó de forma pura y santa; bueno, la verdad es que eso supone un gran esfuerzo mental, pero, en fin, para eso están los dogmas, para no tener que ejercitar el intelecto. Pero, habrá que reconocer que, al menos, el parto no pudo ser tan puro. No consta que, en aquellos momentos de esfuerzo, María recibiera la ayuda de los ángeles; sin embargo, sí sé que la asistió una partera y que el parto fue normal. Y decir normal significa que, según sanciona la Ley de Yahvé, el Hijo se enfangó en la inmundicia cuando se deslizó por el conducto del parto, atravesando el cuello uterino, la vagina y la vulva. El Hijo, ya encarnado, salió inmerso en detritos, empapado de líquido amniótico y sanguinolento, tal como sucede con todos los neonatos, que han de ser meticulosamente lavados para desprenderle toda la suciedad adherida a su cuerpo. Hasta ese extremo se rebajó el Hijo para aplacar la ira del Padre.

La virginidad

MATEO 1,25. Y sin que hubieran hecho vida en común, ella dio a luz un hijo... (Versión de Cathlic.net)

MATEO 1,25. No la conoció hasta que ella dio a luz un hijo... (Versión de la Biblioteca de Autores Cristianos.)

MATEO 1,25. Y sin que la conociera, dio ella a luz un niño... (Versión de la Editorial Prensa Católica.)

Traigo aquí tres versiones diferentes de un versículo de Mateo con el fin de evidenciar tres cosas.

- La primera, demasiado utilizada, es la astucia que creen emplear algunos amanuenses con el fin de encubrir las escenas azarosas de la Biblia. El hecho de "hacer vida en común" no implica necesariamente mantener relaciones sexuales.

- La segunda, la utilización del verbo "conocer", que tiene el significado de consumación del acto sexual, así lo expresó Génesis:

GÉNESIS 4,1 Conoció el hombre a su mujer, que concibió y parió.

- La tercera, en todas las versiones se emplea el artículo indeterminado "un" al referirse al hijo o niño.

El colmo es que hay algunas versiones bíblicas que, simplemente, eliminan los versículos conflictivos.

El propósito de Mateo no admite duda, pues, de una parte, admitió que José respetó ese embrazo de María, ya fuera por temor a dañar al feto o por repudio al embarazo extraño de su desposada. Pero, de otra parte, es evidente su intención de afirmar que una vez que nació ese hijo comenzó la necesaria relación marital al completo; queriendo significar, con ello, el milagro de la concepción de María respecto a Jesús, sin importarle lo que pudo suceder con el resto de sus hijos posteriores.

No obstante, me sorprende que el evangelista se exprese en un tono un tanto despreciativo o, quizás, vulgar hacia la figura de Jesús, pues lo califica como "un hijo" en vez de atribuirle la relevancia requerida; por ejemplo: "Ella dio a luz a Su Hijo unigénito."

Catecismo 470.

Puesto que en la unión misteriosa de la Encarnación "la naturaleza humana ha sido asumida, no absorbida", la Iglesia ha llegado a confesar con el correr de los siglos, la plena realidad del alma humana, con sus operaciones de inteligencia y de voluntad, y del cuerpo humano de Cristo. Pero paralelamente, ha tenido que recordar en cada ocasión que la naturaleza humana de Cristo pertenece propiamente a la persona divina del Hijo de Dios que la ha asumido. Todo lo que es y hace en ella proviene de "uno de la Trinidad". El Hijo de Dios comunica, pues, a su humanidad su propio modo personal de existir en la Trinidad. Así, en su alma como en su cuerpo, Cristo expresa humanamente las costumbres divinas de la Trinidad:

«El Hijo de Dios [...] trabajó con manos de hombre, pensó con inteligencia de hombre, obró con voluntad de hombre, amó

con corazón de hombre. Nacido de la Virgen María, se hizo verdaderamente uno de nosotros, en todo semejante a nosotros, excepto en el pecado»).

En primer lugar, quiero comentar sobre la desgracia que recayó en los primeros creyentes. La Iglesia Verdadera reconoce su ineptitud al retardar durante siglos el dogma extraordinario de "la plena realidad del alma humana, con sus operaciones de inteligencia y de voluntad, y del cuerpo humano de Cristo."

En segundo lugar, por más que me concentro no llego a comprender que, si "Jesús trabajó con manos de hombre, pensó con inteligencia de hombre, obró con voluntad de hombre" cómo pudo resucitar a muertos bien muertos, ya que esos prodigios solo podría haberlos realizado trabajado con manos de Dios, pensando con inteligencia de Dios y obrando con voluntad de Dios.

Capítulo 4. UNA FAMILIA NUMEROSA

Los abuelos

Cuentan que los padres de María, por tanto abuelos maternos de Jesús, fueron Joaquín y Ana. Aunque, lo cierto es que nada se sabe de ellos. Pero mucho menos se sabe de los abuelos paternos de Jesús. Esa historia de Joaquín y Ana se la debemos a una tradición que arranca en el siglo II y que aparece en algún apócrifo, como en los evangelios de la Natividad de María y, especialmente, en el Protoevangelio de Santiago. En el Nuevo Testamento no se hace mención a ellos, ni siquiera se narra su asistencia a una más que conveniente fiesta de esponsales entre José y María, ni al nacimiento del niño, ni a su circuncisión. Por lo leído, eran unos abuelos muy descastados.

Y digo esto porque, según el Protoevangelio, Joaquín y Ana eran ricos, por lo que es razonable imaginar una ceremonia acorde con el status social de la familia. Por eso, dado el silencio absoluto al respecto, todo apunta a que esa boda de los padres de Jesús pudo haber sido algo de tapadillo, quizás para evitar exponer a María a las habladurías referidas a su extraño embarazo.

Por cierto, conociendo cómo se las gasta la Iglesia Verdadera, barrunto que todo lo referido a los acaudalados padres de María fuera silenciado, anulado o destruido, con el fin de que no afectara a la idea de que Jesús era pobre de solemnidad.

Pero se ha de tener en cuenta, porque así está certificado por la propia Iglesia Verdadera, que los apócrifos no pueden ser aceptados ya que no son fiables, "pues es imposible verificar, en ellos, lo que es verdad y lo que es mentira." Aún así, pese a no saber nada sobre su vida y su muerte, ni siquiera tener la certeza de su existencia, la Iglesia Verdadera no tuvo inconveniente en canonizar a este matrimonio. Una más de las incongruencias del santoral. Aunque, a mi entender, creo que el disparate mayor viene ahora:

MATEO 1,16. Jacob fue padre de José, esposo de María, de la que nació Jesús, llamado Cristo.

LUCAS 3,23. Cuando comenzó su ministerio, Jesús tenía unos treinta años y se lo consideraba hijo de José. José era hijo de Elí

Es sabido que las genealogías de Jesús, presentadas como un concienzudo trabajo de investigación, son un verdadero dislate. Entre otros errores, está el de adjudicar a José dos padres: Jacob y Elí. Y, precisamente, para intentar recomponer tal desaguisado, algunos sabios arguyen que en realidad no hubo error, sino que Lucas presentó la relación de los ascendientes de María. Pero esa propuesta embrolla más este asunto, pues tendríamos dos padres de Maria, el tal Elí y el santificado Joaquín.

Los padres

Comienzo por José, desaparecido en combate, anulado por los autores sagrados. El padre putativo del Hijo fue olvidado en el Nuevo Testamento, solo algún que otro apócrifo se acordó de él, lo cual me resulta sospechoso, ya que ese silencio lo hace parecer inexistente. Sin embargo, pese a no conocerse casi nada sobre su vida y en especial las circunstancias de su muerte, también fue canonizado. Lo siento por no poder decir más de él, pues nada hay; además, desconozco lo detalles de la exhaustiva y necesaria investigación que en su día debió llevarse a cabo antes de elevarlo a los altares.

Y esta falta de noticias oficiales respecto al padre de Jesús ha llevado a la aparición de otros padres oficiosos. Por ejemplo, recuerdo haber leído algo sobre un tal Pantera, al parecer un soldado romano, como el causante de la pérdida de virginidad de María.

Aunque hay otras versiones que adjudican la paternidad de Jesús a un tal Judas el Galileo, también conocido por Judas de Gamala, un dirigente político-religioso judío, asunto que, a mi juicio, pudo ser más plausible,

Es conveniente recordar las palabras, frases y hechos, que fueron escritos en los apócrifos, en la Biblia y en las "Guerras de los Judíos y Antigüedades Judías" de Flavio Josefo, que según la Iglesia Verdadera es el notario que da fe de la existencia de Jesús.

HECHOS 5,37. Días después, se levantó Judas el Galileo, en los días del empadronamiento, y arrastró al pueblo en pos de sí; mas, pereciendo él también, cuantos le seguían se dispersaron.

Judas el Galileo, también nombrado como Judas de Gamala, heredó el trono de Jerusalén tras la muerte de su padre Ezequías, descendiente del rey David; esto sucedió en el año 44 a.C. Tres años más tarde Herodes se apoderó del trono, lo que motivó un estado de sublevación continuo de Judas el Galileo para recuperar su cetro. En el año 37, Roma invadió Jerusalén, apoyando el reinado de Herodes y rechazando a Judas, descendiente de David.

La mayoría de los judíos estaban descontentos con esta situación, pues cortó la línea de sucesión de David, la que había de traer al Mesías que los redimiría de todos los yugos. Comenzaron, pues, a organizarse en bandas rebeldes, siendo conocidos como nazarenos.

En el año 4 a.C. murió Herodes. Por cierto, hoy es aceptada, incluso por la Iglesia Verdadera, la incoherencia de que Jesús nació en el año 6 a.C.; por tanto, Jesús tenía entonces dos años. Aprovechando las disputas entre los herederos de Herodes, los rebeldes nazarenos intentaron recuperar el trono, pero fueron derrotados por el ejército romano y más de dos mil rebeldes fueron crucificados.

En el año 6 d.C. el emperador César Augusto se propuso acabar con las sublevaciones de los judíos. Poco después, Judas el Galileo, fundador y jefe de la secta de los zelotes, dirigió una intensa revuelta contra los romanos. El motivo fue el censo ordenado para un mayor control de los impuestos. Finalmente Judas pereció en esas guerras. Jesús ya había cumplido los ocho años. En los rollos del Mar Muerto se menciona esta guerra y a Judas se le califica como Cristo. También, Gamaliel, maestro de Pablo, utilizó a Judas de Gamala como ejemplo de Mesías fallido.

Este Judas tuvo siete hijos varones. Juan, el mayor y, por tanto, el heredero del trono de David, Santiago, Simón, Jaime, Judas, Mateo y Eleazar.

Juan, como primogénito, a la muerte de su padre se convirtió en el nuevo Mesías, redentor de la opresión que Roma ejercía sobre Israel. Santiago fue crucificado en el año 45 d.C. Simón y Jaime también fueron crucificados en el 46 d.C. Judas, el Gemelo, fue crucificado en el año 56. Mateo y Eleazar se supone que sobrevivieron.

Pues bien, ahora es cuestión de repasar lo que concierne a Jesús.

- Entre sus apóstoles y discípulos había zelotes armados. Él mismo era conocido como perteneciente a la secta de los Nazarenos.

- Gamala es una ciudad fortificada en los altos del Golán, en Galilea. La familia de Jesús era oriunda de Galilea, por eso a Jesús se le apodaba el Galileo.

- En Mateo 13,55, en referencia a la familia de Jesús, se lee: ¿Su madre no se llama María y sus hermanos Santiago y José, Simón y Judas?

- Los doce apóstoles fueron: Simón "Barjona" ("Proscrito") y Andrés, su hermano; Santiago y Juan Boanerges o "hijos del trueno", ambos, hijos de Zebedeo; Felipe de Betsaida; Bartolomé el cananeo; Tomás el gemelo; Mateo, el publicano; Santiago, el Alfeo; Judas Tadeo; Simón "el zelote o el cananeo"; Judas iscariote ("sicario").

Repito los alias de algunos apóstoles: Un proscrito, un sicario, dos cananeos o zelotes, estos últimos miembros la facción político-religiosa fundada en el año 6 dC por Judas el Galileo. Además, en cuanto a esos dos denominados "hijos del trueno" encuentro esta coincidencia:

APOCALIPSIS 10,4. Cuando los siete truenos hubieron emitido sus voces, yo iba a escribir; pero oí una voz del cielo que me decía: Sella las cosas que los siete truenos han dicho, y no las escribas.

Judas de Gamala tuvo siete hijos... Además, hay muchas frases que, posiblemente, se hayan tergiversado: - Este es mi hijo amado, en quien tengo puestas todas mis confianzas - El hijo del hombre – El espíritu del padre – Delante de mi padre que está en los cielos – Todo me ha sido entregado por mi padre – No vine a poner paz sino la espada – Porque todo aquel que hiera la voluntad de mi padre...

Son incuestionables estas coincidencias entre los dos personajes. Ambos eran de Galilea y de la estirpe de David, tenían relación con bandas revolucionarias, como nazarenos, celotes y sicarios, luchaban por la libertad de Israel y por eso fueron ajusticiados. Judas tuvo siete hijos, entre ellos, Santiago y Simón, y así se llamaban dos hermanos de Jesús. Finalmente, Judas de Gamala murió cundo Jesús tenía unos diez años, en el año 6, y Jesús no cesaba de referirse a su famoso padre.

Finalmente, encuentro interesante otra coincidencia: A Judas el Galileo lo llamaban "hombre fuerte de Dios", "héroe de Dios"; es decir: "El-Gabar", traducido por Gabriel... Lucas 1,26: En el sexto mes fue enviado el ángel Gabriel de parte de Yahvé..., a una virgen desposada...

Los hermanos

LUCAS 2,7. Y María dio a luz a su hijo primogénito...

JUAN 3,16. Porque tanto amó Dios al mundo que dio a su Hijo Unigénito.

Creo que no ha lugar a otra interpretación. La Revelación es clara en este sentido. Por un lado, Lucas aseguró que Jesús era primogénito de María, por otro lado, Juan afirmó que el Hijo era Unigénito de Yahvé. Primogénito, se refiere al hijo que nace primero. Unigénito, se dice del hijo único. El evangelio de Juan afirma en varias ocasiones que Jesús era hijo único de Dios, sin embargo nunca dice que también fuera el hijo único de María.

Conclusión para el creyente: Jesús, en cuanto hombre, fue el primogénito de entre sus hermanos, mientras que fue el Hijo Unigénito de Yahvé, en cuanto a su pertenencia a la Trinidad.

MATEO 12,47. Alguien le dijo: Mira, tu madre y tus hermanos están de pie afuera buscando hablar contigo.

MATEO 13,55. ¿No es ese el hijo del carpintero? ¿No se llama su madre María y sus hermanos Santiago, José, Simón y Judas?

Por lo tanto, si Jesús hubiera sido el hijo único de María, habría sido denominado por Lucas, y por los interesados exegetas, como su hijo unigénito. Sin embargo, al certificar que fue el primogénito de María está asegurando que fue el primero en nacer, dando a entender que después vinieron más hijos, lo que resulta evidente en la Revelación cuando, en numerosas ocasiones, uno u otro evangelista relatan pasajes en los que intervienen los hermanos y hermanas de Jesús. En este peliagudo asunto de fe, el creyente debería admitir que en tiempos de los evangelistas todavía no había salido a la luz el dogma, por tanto, no había inconveniente en contar la Verdad Revelada de que María tuvo otros hijos después de Jesús. Ya lo dijo Luciano de Samosata:

Si era el primogénito, no era el único; si era el único, no era el primogénito.

HECHOS 1,14. Todos estos perseveraban juntos en la oración con algunas mujeres, con María, la Madre de Jesús, y con los hermanos de éste.

Hay quienes excusan este asunto aludiendo a que los discípulos eran considerados como hermanos, pero este argumento está invalidado por Juan:

JUAN 2,12. Después de esto bajó a Cafarnaúm Él con su madre, sus hermanos y sus discípulos.

Flavio Josefo, en sus Antigüedades Judías, escribió sobre un tal Santiago "el hermano de Jesús" que murió en el año 62 d.C. Y en la carta a los gálatas se encuentra la confirmación de lo evidente:

GÁLATAS 1,19. A ningún otro de los apóstoles vi, si no fue a Santiago el hermano del Señor.

Por si no hubiera suficientes pruebas, he aquí otra.

JUAN 7,5. Le dijeron sus hermanos: Sal de aquí y vete a Judea para que tus discípulos vean las obras que haces, nadie hace esas cosas en secreto si pretende manifestarse. Puesto que eso haces, muéstrate al mundo. Efectivamente, ni sus propios hermanos creían en él.

Es indudable que sus discípulos le seguían porque creían en él, por lo tanto quienes no le creían no podían ser sus seguidores y sí, como contó Juan, sus hermanos.

MATEO 1,25. José no conoció a María sino hasta que dio a luz un hijo.

El remate está en la expresión de Mateo, donde está implícita la realidad de que José aguardó a tener relaciones sexuales con María hasta que hubo parido a Jesús. Esto implica una alta probabilidad de que nacieran sucesivos hermanos de Jesús.

JUAN 19,25. Jesús viendo a su madre y, junto a ella, a Juan, dijo: Mujer he ahí a tu hijo. Y al él: He ahí a tu madre.

 O sea, otro hijo más para María: Juan

Como curiosidad, he aquí un comparativo entre los nombres de los hijos de Judas el Galileo, los hijos de María y los apóstoles de Jesús el Galileo.

Hijos de Judas el Galileo, el Mesías fallido (siete hijos del trueno): Juan, Santiago, Simón, Judas, Mateo, Jaime y Eleazar.

Hijos de María (Evangelios): Jesús el Galileo, Juan, Santiago, Simón, Judas y José.

Apóstoles de Jesús el Galileo: Juan y Santiago, hijos del trueno. Santiago el de Alfeo. Simón el zelote y Simón el proscrito. Andrés hermano de Simón. Judas el sicario y Judas Tadeo. Mateo, Felipe, Bartolomé y Tomás.

El cálculo de probabilidades indica que si dentro de un mismo territorio aparecen tres grupos de personas con idénticos nombres, es seguro que se trata de los mismos individuos.

Cabe otra posibilidad que advierten otros autores: Que José, un anciano, se hiciera cargo de María al ser ésta una viuda desamparada y con hijos.

Las genealogías del Hijo

La genealogía del pueblo elegido, divinamente revelada en el Libro Sagrado, debería ser una y no varias. Para creer en la Palabra se ha de tener la certeza de que lo que cuenta es verídico; pues bien, si cuando escriben las listas de los antepasados del Hijo resulta que aparecen varias genealogías, lo menos que pude suceder es que se piense que alguien está engañando. La Verdad es una, nunca dos o más.

LUCAS 3,23. Cuando comenzó su ministerio, Jesús tenía unos treinta años y se lo consideraba hijo de José. José era hijo de Elí.

1-Abraham. 2-Isaac. 3-Jacob. 4-Judá. 5-Fares. 6-Esrom. 7-Arní. 8-Admín. 9-Aminadab.

10-Naasón. 11-Sela. 12-Booz. 13-Jobed. 14-Jesé.

15-David. 16-Natán. 17-Matatá. 18-Mená. 19-Meleá. 20-Eliaquim. 21-Jonam. 22-José. 23-Judá. 24-Angel.25-Leví. 26-Matat. 27-Jorím. 28-Eliezer.

29-Jesús. 30-Er. 31-Elmadam. 32-Cosam. 33-Adí. 34-Melquí. 35-Nerí.

36-Salatiel. 37-Zorobabel.

38-Resá. 39-Joanán. 40-Iodá. 41-Iosec. 42-Semein.

43-Matatías. 44-Maat. 45-Nagai. 46-Eslí. 47-Naúm. 48-Amós. 49-Matatías. 50-José. 51-Janai. 52-Melquí. 53-Leví. 54-Matat.

55-Elí. 56-José. 57-Jesús

MATEO 1,1. Documento de los orígenes de Jesucristo, hijo de David e hijo de Abraham.

1-Abraham. 2-Isaac. 3-Jacob. 4-Judá. 5-Fares. 6-Esrom 7-Aram. 8-Aminadab. 9-Naasón.

10-Salmón. 11-Booz. 12-Obed. 13-Jesé.

14-David.15-Salomón. 16-Roboam. 17-Abías. 18-Asá. 19-Josafat. 20-Joram, 21-Ozías. 22-Joatam. 23-Acaz. 24-Ezequías. 25-Manasés. 26-Josías. (Jeconías nació durante el destierro en Babilonia)

Después de la deportación a Babilonia:

27-Jeconías.

28-Salatiel. 29-Zorobabel.

30-Abiud. 31-Eliacim. 32-Azor. 33-Sadoc. 34-Aquim. 35-Eliud. 36-Eleazar. 37-Matán.

38-Jacob. 39-José. 40-Jesús.

MATEO 1,17. El total de las generaciones es, por lo tanto: desde Abraham hasta David, catorce generaciones; desde David hasta el destierro en Babilonia, catorce generaciones; desde el destierro en Babilonia hasta Cristo, catorce generaciones.

No hay más que leer estas genealogías reveladas por Yahvé para tener constancia de la indemostrable inerrancia de la Biblia

Comienzo por la aritmética. El autor de Mateo presenta un documento en el que habla de tres grupos de catorce generaciones desde Abraham hasta Jesús, lo cual haría un total de 42 generaciones. Entendería que, con los planes educativos actuales, cualquiera pueda tener dificultades a la hora de multiplicar, pero lo que no acierto a comprender es que la Palabra inspirada por el Espíritu cometa el error de asegurar que tres veces catorce son treinta y nueve, que es la cantidad de generaciones que el autor desarrolla.

Continuo con una incongruencia. De estas genealogías, en especial la de Lucas que llega hasta Adán, hijo de la artesanía de Yahvé, se deduce que quien fehacientemente descendía de Yahvé era José, el olvidado; por eso, el método utilizado para engendrar a Jesús, tuvo que demostrarse por un dogma de fe.

Termino con unas contradicciones.

Algunos de los que se han devanado los sesos para intentar encontrar una justificación a este disparate concluyen que no hay discrepancia, pues aducen que Mateo sigue la línea que conduce a José, mientras que Lucas lo hace con la que lleva a María. Siendo así, Lucas tendría que haber citado, como padre de José, a Joaquín, el padre de María. ¡Cómo les gusta enmarañar la Palabra! Sea como sea, y basándome en el dogma de fe, José no debería aparecer en estas genealogías puesto que Jesús no llevaba su sangre.

Esa teoría de dos linajes diferentes, bastante aceptada porque es la única que sería medianamente aceptable, no explica por qué, siendo dispares, ambas incluyen a dos personajes idénticos y seguidos, Salatiel y Zorobabel, pero con ascendientes y descendientes distintos.

Tampoco los expertos encuentran una respuesta a la cuestión de por qué, habiendo sido inspirados por el mismo Espíritu, entre Farés y Aminadab, Mateo encajó a tres individuos y Lucas colocó solo a dos.

Por otro lado, queda por analizar la pureza y santidad de los componentes de esas genealogías que deberían estar acordes con el personaje. Sin embargo, gracias a la Revelación, se constata que a Yahvé no le preocupó que el Hijo se emparentara con asesinos, adúlteros e incestuosos. Como ejemplo puede ser suficiente este pasaje:

HECHOS 13,21. Pero ellos pidieron un rey y Yahvé les dio a Saúl, hijo de Quis, de la tribu de Benjamín, por espacio de cuarenta años. Y cuando Yahvé desechó a Saúl, les suscitó como rey a David, de quien dio este testimonio: He encontrado en David, el hijo de Jesé, a un hombre conforme a mi corazón que cumplirá siempre mi voluntad.

En Hechos, se revela que Yahvé desechó a Saúl sustituyéndolo por David, a quien consideraba un hombre conforme a su corazón y que, por tanto, cumpliría siempre su voluntad. Y en el capítulo 11 del libro segundo de Samuel (ya citado) se puede comprobar cómo David cumplió la voluntad de Yahvé, cometiendo adulterio y convirtiéndose en vengativo e implacable con el cornudo Urías.

Hay más errores en las genealogías de Jesús, pero creo que estos son suficientes para poner en duda la inerrancia de la Palabra.

Capítulo 5. EL GRAN TIMO

El Catecismo dedica nada menos que veintiocho artículos, desde el 456 al 483, a intentar aclarar el misterio de la doble personalidad de Jesús. Tamaña parrafada da idea de lo difícil que resulta pretender explicar un dogma increíble. Además, esos circunloquios, obligados porque es imposible intentarlo de forma escueta, no son más que el resultado de discusiones binzantinas, nunca mejor dicho, que dejan en evidencia el nulo concepto que sus autores tenían y tienen respecto de la sabiduría de Dios. La inteligencia de Dios habría hecho tan sumamente fácil de comprender la Revelación del asunto de su encarnación que no haría falta ninguna demostración ni, mucho menos, tantos escarceos verbales.

La Iglesia Verdadera suele recurrir al argumento de la escasa inteligencia que tenemos los humanos para comprender esos misterios; y se olvida del infinito poder que tendría Dios para hacer fácilmente comprensible cualquiera de sus actos. Quien no lo crea así es un demente o un hereje. Si Dios tuviera intención de revelarnos algo lo haría, gracias a su Infinita Inteligencia, de manera absolutamente inteligible por todos los humanos. Es una estupidez decir que Dios haría revelaciones en forma de misterios inescrutables.

Catecismo 472.

Esta alma humana que el Hijo de Dios asumió está dotada de un verdadero conocimiento humano. Como tal, éste no podía ser de por sí ilimitado: se desenvolvía en las condiciones históricas de su existencia en el espacio y en el tiempo. Por eso el Hijo de Dios, al hacerse hombre, quiso progresar "en sabiduría, en estatura y en gracia" e igualmente adquirir aquello que en la condición humana se adquiere de manera experimental. Eso correspondía a la realidad de su anonadamiento voluntario en "la condición de esclavo".

Esas palabras las considero explicaciones burdas para intentar justificar lo absurdo de los evangelios. Lo que cuenta el Catecismo viene a significar lo siguiente:

Llegó un tiempo en que la Trinidad decidió que ya era hora de redimir a la Humanidad, por tanto, el Hijo se dispuso a ser encarnado, pero antes, siguiendo lo planificado, se vio obligado a renunciar a todos sus atributos divinos. Es decir, encontrándose todavía junto a las otras dos personas de la Trinidad, El Hijo ya no era divino sino absolutamente humano, es decir: Ya no <era Dios por sí mismo.

Otra posibilidad sería suponer que el Hijo hubiera renunciado a su divinidad una vez dentro del vientre materno o después del parto, más estas son situaciones todavía más disparatadas pues nadie puede imaginar a Dios habitando durante nueve meses en el útero de una mujer.

Catecismo 474.

Debido a su unión con la Sabiduría divina en la persona del Verbo encarnado, el conocimiento humano de Cristo gozaba en plenitud de la ciencia de los designios eternos que había venido a revelar. Lo que reconoce ignorar en este campo, declara en otro lugar no tener misión de revelarlo.

La Iglesia Verdadera se reafirma

Alguien dijo algo así: -Una mentira repetida muchas veces se convierte en una gran verdad-.

A continuación, he resumido algunos capítulos del Catecismo, del 475 al 477, para constar que reiteran machaconamente sobre el dogma irracional del desdoblamiento de personalidad.

El Hijo de Dios asumió un cuerpo dotado de un alma racional humana. Con su inteligencia humana Jesús aprendió muchas cosas mediante la experiencia.

Me pregunto: ¿Tendría Dios alma? ¿Tenía Jesús inteligencia humana o divina? ¿Necesitaría Dios aprender mediante la experiencia?

Pero, también como hombre, el Hijo de Dios tenía un conocimiento íntimo e inmediato de Dios su Padre. Penetraba asimismo los pensamientos secretos de los hombres y conocía plenamente los designios eternos que Él había venido a revelar.

Me pregunto: ¿Tenemos los hombres un conocimiento íntimo e inmediato de Dios? ¿Tenemos los humanos la capacidad de penetrar en los pensamientos? ¿Conocemos los hombres los designios eternos de Dios?

Jesús tenía una voluntad divina y una voluntad humana. La voluntad humana de Cristo sigue, sin oposición o resistencia, a su voluntad divina, y está subordinada a ella.

Me pregunto: ¿Sería compatible la voluntad de Dios con la los de los hombres?

Cristo asumió un verdadero cuerpo humano, mediante el cual Dios invisible se hizo visible. Por esta razón, Cristo puede ser representado y venerado en las sagradas imágenes.

Me pregunto: ¿Viviría Dios imbuido de todas las miserias humanas? Siendo Dios inmutable, ¿podría mutar y convertirse en un verdadero humano?

MARCOS 10,18. Y dijo Jesús: ¿Por qué me llamas bueno? Nadie es bueno sino solo Dios.

Creo que es conveniente para la salud mental responder a esta cuestión: Si Dios invisible se hizo visible en el personaje

Jesús, ¿por qué Dios visible, Jesús, dijo que solo era bueno Dios invisible?

El Gran Timo

Catecismo 469

La Iglesia confiesa así que Jesús es inseparablemente verdadero Dios y verdadero Hombre. Él es verdaderamente el Hijo de Dios que se ha hecho hombre, nuestro hermano, y eso sin dejar de ser Dios, nuestro Señor.

Si Jesús "no dejó de ser verdaderamente Dios", es obvio que tendría el poder absoluto de la mente, del cuerpo y de la voluntad, pero también su inteligencia sería infinita. Siendo así, pregunto: ¿Por qué no lo demostró?

JUAN 20,30. Jesús realizó además muchos otros signos en presencia de sus discípulos, que no se encuentran relatados en este Libro. Estos han sido escritos para que creáis que Jesús es el Mesías, el Hijo de Dios, y creyendo, tengáis Vida en su Nombre.

Lo dijo Juan: Jesús realizó muchos signos gracias a que era el "Hijo de Dios". Por lo tanto, he de creer que debía poseer un poder omnímodo. Cuando leo los portentos milagrosos de Jesús se me ilumina la mente y, entonces, comprendo las razones que tuvo Yahvé al crear un mundo tan terriblemente hostil pues, por ejemplo, si no hubiera creado las tormentas Jesús no habría podido exhibirse calmándolas.

Ahora bien, establezco esta premisa incuestionable: Si alguien con capacidad para obrar no actúa conforme a su potencial, está cometiendo un fraude. Aquel general, que disponiendo de un numeroso ejército bien armado, pierde una batalla por haber reservado sus tropas, será juzgado por negligencia; mas, si se demuestra que lo hizo premeditadamente, con el fin de conceder la victoria al enemigo, será condenado por traición.

El Hijo, con todo su infinito poder y siendo sinónimo de victoria absoluta en todas sus actuaciones, tal como afirman los entendidos, vino a la Tierra con la única misión de dar a conocer el reino de Yahvé y de meter en el redil a toda la humanidad. Sin embargo, a la vista está que aquel objetivo no se cumplió. ¿Por qué sucedió así? Aquí solo cabrían dos respuestas:

La primera tendría que ver con la falsedad del atributo de la omnipotencia. Es decir, pudo suceder que Jesús, el Hijo encarnado, careciera de esa cualidad, lo que condujo al fallo de su cometido. Pero esta es una posibilidad muy remota puesto que el Dogma avala la verdad de que las Tres Personas son, al unísono, omnipotentes.

La segunda se referiría a que no quisiera ejercer como todopoderoso. O sea, que se reservó sus poderes para otra ocasión. Esto sí es probable que ocurriera ya que, de haber desarrollado toda la capacidad que le reconocen, es seguro que el Hijo habría obtenido un éxito del cien por cien. Y como no ocurrió así, he de creer firmemente que su escaso resultado se debió a que, con premeditación y consentimiento, no quiso obtener un triunfo pleno.

Con esta deducción, creo que razonable y lógica, se concluye que el Hijo cometió un fraude. Pero, como esa trama debió ser acordada por las Tres Personas, resulta que la única parte afectada ha sido la humanidad, para quien el Hijo se convirtió en El Gran Timador.

La Iglesia Verdadera afirma sin ambages que los milagros de Jesús no eran fruto de técnicas (como un médico) o de la actuación de demonios o ángeles (como un mago), sino resultado del poder sobrenatural del Espíritu de Dios.

Si era Dios, y por eso tenía el poder de hacer milagros que nadie más podía realizar, también debería haber tenido el poder para evitar su apresamiento o, en todo caso, el de convencer al tribunal de que él era verdaderamente Dios o, al menos, el auténtico Rey de los judíos. Pero si no tenía tal poder por sí mismo, sino que lo recibía directamente de Yahvé –nadie más que él lo habría recibido-, entonces, conforme a la consustancia de las Tres-Personas-en-Una, debería haber sido el propio Yahvé el encargado de otorgarle esos poderes. Es decir, ya fuera de esa manera u otra, lo cierto es que hubo una clara dejación de poderes.

Y esta es otra prueba:

JUAN 12,4. Judas Iscariote, uno de sus discípulos, el que lo iba a entregar, dijo: ¿Por qué no se vendió este perfume en trescientos denarios para dárselos a los pobres? Dijo esto, no porque se interesaba por los pobres, sino porque era ladrón y, como estaba encargado de la bolsa común, robaba lo que se ponía en ella.

El Hijo había captado a Judas a sabiendas de la catadura del personaje, estoy obligado a creerlo así. ¿Por qué lo acogió entre sus apóstoles? Cualquier ser racional habría evitado meter a su enemigo en casa. Una justificación a esa torpeza sería que lo hizo porque así convenía para el buen fin del Proyecto.

Pues bien, existe otra explicación a esa aparente dejación de poderes y que tiene una alta probabilidad de ser lo que sucedió verdaderamente. Me refiero a que todo pudo deberse a que Jesús era un simple humano o, más probable aún, que fuera un invento modelado a gusto del autor del personaje. Esta tesis dejaría libre de culpa a la Trinidad, representada por el Hijo.

Incapaz

Según han contado, en el principio, estaban las Tres-Personas-en-Una y, como ya dije, gracias a una deducción meditada, llego a la conclusión de que, si hubo Creación, las Tres debieron crear en cooperación. O sea, que tenían los mismos conocimientos sobre lo que se estaba creando. Esto lo recalco para que se entienda bien que el Hijo participó activamente en la idea y diseño de todo lo habido y por haber.

Sentada esa base, ya puedo decir, sin temor a equivocarme, que el Hijo era un experto conocedor de los virus y las bacterias, de las mutaciones genéticas, de los cambios climáticos, del comportamiento caótico de la Tierra y del Universo... En fin, el Hijo conocía todas las ciencias, incluso las ocultas.

En otro orden de cosas, es de obligado cumplimiento la creencia de que el Hijo era omnipotente, omnisciente e infinitamente amantísimo. Esto último significa, según me explicaron, que el Hijo ama a todas las criaturas infinitamente más que los amos a sus mascotas, que los abuelos a sus nietos y que las madres a sus hijos; es decir que él no desea que sufran y que está siempre dispuesto a aliviar, y mejor eliminar, cualquier pena que les aflijan. Pero como, además, posee lo otros atributos, resulta que puede y sabe cómo hacerlo.

Concluyendo. ¿Alguien puede creerse que el Hijo, habiendo estado en la Tierra, no aprovecharía para hacer una demostración de sus atributos eliminando todos los males físicos de la Humanidad? O dicho más claro, ¿Acaso hay gente interesada en hacer creer que el Hijo encarnado, pudiendo y sabiendo, no quiso remediar para siempre la hambruna de millones de niños? ¿No será que el personaje Jesús, lastrado por la mente de su autor, estaba incapacitado para obrar conforme a sus supuestos atributos?

Tentado

MATEO 4,1. Entonces Jesús fue llevado por el Espíritu al desierto, para ser tentado por el diablo.

¡En qué cabeza cabe imaginar que Satanás pueda tentar a Dios! Mas, escribieron que Jesús fue tentado y la Revelación llega al absurdo al contar un cuento absurdo. Resulta que pretenden hacer creer que hubo un contubernio entre el Demonio y la Tercera Persona, el Espíritu de la Trinidad, para hacer caer en la tentación a la Segunda Persona.

MATEO 4,8. Otra vez le llevó el diablo a un monte muy alto, y le mostró todos los reinos del mundo y la gloria de ellos, y le dijo: Todo esto te daré, si postrado me adorares.

Y el colmo de la insensatez es pretender presentar como verídica una imagen en la que el Demonio chantajea al Hijo con el ofrecimiento de tierras. Ya lo dije, Yahvé creó a los ángeles con un Cociente Intelectual inferior 80; porque hay que ser muy bobalicón para tentar con un pedazo de tierra al Rey del Universo. Lo extraño de ese cuento es que no describe al personaje Jesús hartándose de reír ante las ridículas pretensiones demoníacas, salvo que se acepte que Jesús nada tenía que ver con lo divino

Sin embargo, incomprensiblemente, la Iglesia Verdadera presenta esta escena como una gran victoria del Hijo frente a las tentaciones humanas. Es decir, los mismos que, de una parte, insisten en adjudicarle atributos divinos, de otra parte, afirman que Jesús tuvo que hacer un gran esfuerzo en rechazar un bien terrenal.

MATEO 4,10. Entonces Jesús le dijo: Vete, Satanás, porque escrito está: Al Señor tu Dios adorarás, y a él solo servirás.

Pues bien, todos esos despropósitos se confirman con la afirmación contundente de Jesús, considerándose a sí mismo como Señor y Dios. Los autores hacían encajes de bolillos con sus personajes.

Temeroso

JUAN 7,4. Cuando uno quiere hacerse conocer, no actúa en secreto; ya que tú haces estas cosas, manifiéstate al mundo.

El Hijo, ese ser eternamente todopoderoso, ¿de qué podía tener miedo?, ¿a quién debería temer? Estas preguntas son absurdas, pues sólo a una mente obtusa o hereje puede ocurrírsele escribir que cualquiera de las Tres-Personas-en-Una pudiera sentir temor de algo o de alguien. Sin embargo, la Revelación presenta a un Jesús que se ocultaba cuando olía el peligro y hasta llegaba a pedir a las gentes que no divulgaran sus proezas milagrosas, cuando, precisamente, se había encarnado para dar a conocer todo su maravilloso comportamiento. Esta actitud solo puede explicarse admitiendo que una cosa es el Hijo en sí mismo y otra, muy distinta, es el papel asignado al personaje Jesús, ideado por mentes humanas.

MATEO 3,12. Cuando Jesús se enteró de que Juan había sido arrestado, se retiró a Galilea. Y, dejando Nazaret, se estableció en Cafarnaúm, a orillas del lago.

MATEO 8,3. Jesús extendió la mano y lo tocó, diciendo: Lo quiero, queda purificado. Y al instante quedó purificado de su lepra. Jesús le dijo: No se lo digas a nadie, pero ve a presentarse al sacerdote y entrega la ofrenda que ordenó Moisés para que les sirva de testimonio.

MATEO 9,30. Y se les abrieron sus ojos. Entonces Jesús los conminó: ¡Cuidado! Que nadie lo sepa.

MATEO 12,15. Al enterarse de esto, Jesús se alejó de allí. Muchos lo siguieron, y los curó a todos. Pero él les ordenó severamente que no lo dieran a conocer.

MATEO 14,13. Al enterarse de eso, Jesús se alejó en una barca a un lugar desierto para estar a solas.

MATEO 16,20. Entonces ordenó severamente a sus discípulos que no dijeran a nadie que él era el Mesías.

MATEO 17,9. Mientras bajaban del monte, Jesús les ordenó: No habléis a nadie de esta visión, hasta que el Hijo del hombre resucite de entre los muertos.

He sentido una gran decepción al no encontrar en el Catecismo una justificación a ese palpable temor de Jesús a ser reconocido. ¿Acaso no era una de sus funciones, en su misión redentora, el darse a conocer a la humanidad entera? ¿Por que obró de forma contraria a lo que se esperaría del Hijo encarnado? ¿Quizás no era Dios y, por eso, tenía miedo a los hombres? ¿No será debido a que ese comportamiento opuesto a la razón convenía a los autores?

JUAN 6,15. Jesús, sabiendo que querían apoderarse de él para hacerlo rey, se retiró otra vez solo a la montaña.

JUAN 11,53. A partir de ese día, resolvieron que debían matar a Jesús. Por eso él no se mostraba más en público entre los judíos, sino que fue a una región próxima al desierto, a una ciudad llamada Efraím, y allí permaneció con sus discípulos.

¿Quizá le entró un ataque de pánico? ¿Tal vez, tenía que esperar al día D y a la hora H para darse a conocer y adaptarse al Plan Divino? ¿No quería ser apresado porque conocía su final como activista opositor al Estado Romano? Y si tanto temor tenía, ¿por qué no huyó definitivamente de aquella región?

Definitivamente, su actitud fue incoherente. De una parte, si estaba respaldado por Yahvé, jamás debería haber sentido temor. De otra parte, si su cometido era dar a conocer su personalidad, tendría que haberla mostrado abiertamente al mundo entero.

Se escondía

Catecismo 467.

Nacido del Padre antes de todos los siglos según la divinidad; y por nosotros y por nuestra salvación, nacido en los últimos tiempos de la Virgen María.

Se Sabe, casi a ciencia cierta, que el Proyecto Divino estuvo gestándose aproximadamente durante una eternidad, por lo cual es obligatorio creer que las Tres-Personas-en-Una tuvieron tiempo suficiente para prepararse antes de que cada Persona interpretara su rol en los acontecimientos. Es por eso que debería ser tildada de hereje la persona que dijera que el Hijo, al encarnarse, estaba todavía falto de los conocimientos suficientes para desarrollar su labor con éxito absoluto y que, por eso, necesitó un periodo de aprendizaje.

Catecismo 467.

El cuarto concilio ecuménico, en Calcedonia, confesó en el año 451: ...hay que confesar a un solo y mismo Hijo y Señor nuestro Jesucristo: perfecto en la divinidad, y perfecto en la humanidad...

Es obvio que la humanidad es lenta en reflejos; pues resulta que un dogma, quizás el más importante, que por lógica debía estar clarísimo en la Revelación, no fue definitivamente detectado hasta cuatro siglos después. A partir de entonces ya se supo que el Hijo era perfecto en todo. No obstante, muchos no le creían y no convencía.

LUCAS 2,39. El niño crecía y se fortalecía, llenándose de sabiduría; y la gracia de Yahvé estaba sobre él.

La gracia de Yahvé, más los atributos propios de la Segunda Persona, descendió a la tierra, aunque con apariencia humana. El Hijo, en esta experiencia de teofanía terrenal, gastó treinta y tantos años de su vida divina, de los cuales desperdició unos treinta durante los cuales estuvo desaparecido... ¡Treinta divinos años desperdiciados!... es una historia evidentemente absurda.

Veamos qué se dice al respecto:

Catholic.net: ...Y después de 30 años de vida oculta, tres años dedicados a cumplir su misión, predicando, curando, enseñando. Sabemos por el Evangelio que durante este tiempo Jesús vivía sometido a sus padres y que iba creciendo en sabiduría, estatura y gracia ante Yahvé y los hombres.

Enrique Cases (En su libro: Vida Oculta de Jesús):

Durante treinta años no se escucha la palabra del Hijo de Yahvé. Los evangelios han querido guardar silencio sobre sus dichos y hechos. Pero ¿No dijo nada? Sí, pero en silencio; Jesús habló con su elocuente silencio. Sus hechos dirán más que los discursos... ¿Fue acaso el largo tiempo vivido por Jesús en Nazaret un tiempo de preparación cuidadosa para los intensos tiempos de predicación que vendrían después? No parece que haya sido así, ya que nos habría quedado de ello un rastro, aunque fuera pequeño; más bien nos ha quedado la reacción sorprendida de los que convivieron con Él, que no se explican ni sus palabras, ni sus acciones extraordinarias. Si no fue un tiempo de preparación ¿Será sólo un tiempo de espera? ¿O, quizá un tiempo perdido?

Tal como cuentan lo sucedido, me parece una pérdida de tiempo absurda. El hecho de haber nacido como un simple humano se podría justificar si su actividad terrenal hubiera comenzado nada más tener uso de razón, pero nacer y estar treinta años inactivo es de lo más irracional. Si la decisión divina consistía en una actividad evangelizadora de tan solo tres ños escasos, es una memez que pasara otros treinta desaparecido.

El Hijo, ya desarrollado como hombre en edad madura, apareció repentinamente sin que se supiera de dónde venía. Aquellos que dedicaron años a ivestigar sobre sus andanzas, y quienes recibieron información privilegiada de sus parientes próximos, ninguna noticia consiguieron sobre su actividad durante la etapa oculta. Él apareció súbitamente en Cafarnaún o, quizá, en Betania.

JUAN 7,15. ¿Cómo es que éste sabe escritura sin haber estudiado?

Sobre este período de la vida del Hijo he leído cosas muy curiosas. Hay quien asegura que el Hijo asistía a la sinagoga de Nazaret, donde estudió dos ciclos de enseñanza, algo así como primaria y secundaria, aunque se reconoce que no llegó a la enseñanza superior; sin embargo, según Juan, sus vecinos sabían que no había estudiado. Es posible que quien diga esto se considere sesudo y, por eso, solo cabe tomarlo a broma, de lo contrario habría que calificarlo como la necedad mayúscula. ¡El Hijo estudiando la LOGSE o la ESO y luego la FP de carpintería! ¿Acaso Dios necesitaría instruirse en las cosas terrenales?

Lo cierto es que él jamás dejó escrita palabra alguna. Según cuentan, sus discursos eran siempre orales, pese a que debía escribir como los ángeles. Cuando interesa, por un lado, se dice que el Hijo tenia poderes divinos y así lo demostraba haciendo milagros que solo Yahvé podría hacer; sin embargo, por otro lado, se asegura que, en la Tierra, era únicamente hombre y como tal se comportaba. Esta es la forma de responder a las incongruencias de sus actitudes. ¿Acaso la Segunda Persona necesitaría treinta largos años de formación? Creo que la respuesta afirmativa debería ser considerada herética, aunque toda la Biblia responde con un sí rotundo.

¿Fue solo hombre cuando vivió ocultamente durante treinta años, cuando no convencía a casi nadie, cuando era vejado y, al contrario, fue el Hijo cuando hacía resurrecciones y curaciones milagrosas? Se diría que así estaba planificado, no hay otra excusa para aceptar esas alternancias contradictorias. Su vida terrenal sería un continuo vaivén: Ahora toca hacer de hombre, ahora toca hacer de Hijo... y ahora toca otra vez hacer de hombre, y ahora vuelta a ser el Hijo...

Otros afirman, con gran seguridad, que trabajó como carpintero durante los treinta años de vida oculta mientras iba creciendo en sabiduría. Es decir, quieren hacer creer que la Segunda Persona carecía de la abiduría suficiente y que no tenía cosas más importantes que hacer, en su misión redentora, que dedicar tres décadas a trabajar de carpintero. O sea, toda una eternidad pensándolo y al final se encarnó para dilapidar un tiempo precioso trabajando la madera. ¡Por favor, seamos rigurosos en asuntos tan serios!

Dede luego, resulta sorprendente que durante esos treinta años de estancia del Hijo en la tierra nada extraordinario sucediera. No entiendo cómo el creyente asume que la estancia de Dios en la tierra pasara desapercibida. Y, mientras él permanecía agazapado, millones de seres, supuestamente amados, morían sin conocer la Buena Nueva y sin ser redimidos. Eso supone un comportamiento injusto con el prójimo e impropio del personaje Jesús, pero posiblemente muy necesario para el Plan Divino.

¿Qué hizo el Hijo durante su anonimato? ¿No adoctrinó, no curó, no expulsó demonios? Parece que la respuesta más razonable que han encontrado es que estuvo instruyéndose para lo que le esperaba. Mas eso podría aceptarse en un vil humano, pero jamás en el Hijo, que se supone absolutamente instruido desde hace una eternidad. ¿Acaso estuvo agazapado a la espera de aprovechar la mejor oportunidad? La Segunda Persona, omnipotente, omnisciente y ubicua no necesitaría esperar, pues impondría las condiciones y siempre solventaría cualquier dificultad por grande que ésta fuese. La única explicación posible es que el personaje se comportó así para adaptarse al Plan previsto por los autores.

Mujeres y hombres, de limitadísima inteligencia en comparación con la Trinidad, suelen estar preparados a partir de los veinte años para hacer frente a la dura vida laboral y profesional. Y es de fe creer que el Hijo habría venido infinitamente preparado para realizar su cometido ya desde muy joven. Entonces, ¿por qué tuvo que esperar hasta los treinta años para iniciar su cometido?. Un humano, razonando, concluiría que en esa actitud falla algo, puesto que es ilógica. No obstante, es una obligación creer, bajo pena de la condena eterna, que Yahvé lo había proyectado así:

Y diseñaron que la humanidad esperaría miles de años sin la preceptiva redención, y que el Hijo pasaría treinta años agazapado a la espera del momento oportuno.

Y les pareció bien.

Todo este comportamiento me parece disparatado: De una parte, una tardanza de miles de años en llevar a cabo la ineludible redención; de otra parte, la necesidad de un aprendizaje previo y, al final, treinta años de inactividad respecto a la imprescindible y trascendente misión. Cualquiera que piense un poco estará conmigo cuando digo que a nadie con inteligencia normal se le ocurriría adjudicar esa conducta a Dios.

No le creían

Lo menos que se podía pedir al Hijo es que fuera convincente.

Leo el evangelio de Mateo y me encuentro con estas frases rimbombantes:

Su fama se extendió por toda Siria. Lo seguían grandes multitudes que llegaban de Galilea, de la Decápolis, de Jerusalén, de Judea y de la Transjordania. La multitud estaba asombrada. Le siguió una gran multitud. La noticia se divulgó por aquella región. Difundieron su fama por toda aquella región. Jesús recorría todas las ciudades y los pueblos. Una gran multitud se reunió junto a él. La multitud se admiraba. Cuando salieron de Jericó, mucha gente siguió a Jesús. La multitud que iba delante de Jesús y la que lo seguía gritaba...

Me resulta sospechoso que esta impresionante demostración de popularidad quedara silenciada por la Historia. Pero lo mismo sucede con la fuga de sus admiradores, pues a la hora de la verdad, casi todos lo olvidaron.

Continuó entresacando textos grandilocuentes de Mateo:

Le llevaban a todos los enfermos, afligidos por diversas enfermedades y sufrimientos: endemoniados, epilépticos y paralíticos, y él los curaba. Cuando hicieron salir a la gente, él entró, la tomó de la mano, y ella se levantó. Recorría todas las ciudades... curando todas las enfermedades y dolencias. La multitud se admiraba al ver que los mudos hablaban, los inválidos quedaban curados, los paralíticos caminaban y los ciegos recobraban la vista. En el Templo se le acercaron varios ciegos paralíticos, y él los curó.

Y para colmo de reconocimiento:

La multitud, asombrada, decía: «¿No será este el Hijo de David?». Los que estaban en ella se postraron ante él, diciendo: «Verdaderamente, tú eres el Hijo de Dios». Y todos glorificaban al Dios de Israel. Una nube luminosa los cubrió con su sombra y se oyó una voz que decía desde la nube: «Este es mi Hijo muy querido, en quien tengo puesta mi predilección: escuchadlo» Al oír esto, los discípulos cayeron con el rostro en tierra, llenos de temor. Al enterarse de que pasaba Jesús, comenzaron a gritar: «¡Señor, Hijo de David, ten piedad de nosotros!». La multitud que iba delante de Jesús y la que lo seguía gritaba: «¡Hosanna al Hijo de David! ¡Bendito el que viene en nombre del Señor! ¡Hosanna en las alturas! Cuando entró en Jerusalén, toda la ciudad se conmovió, y preguntaban: «¿Quién es este?». Y la gente respondía: «Es Jesús, el profeta de Nazaret en Galilea».

Sin embargo, después de conseguir la admiración de las multitudes, de hacer innumerables milagros y de ser reconocido en su dignidad, vuelvo a insistir, los historiadores coterráneos y coetáneos nada hablaron de él. Y no hay explicación que justifique el hecho revelado de que muchos de sus íntimos colaboradores, al final, lo abandonaran. ¿Acaso no es cierto que convivir junto al Hijo es sentirse invadido de una dicha tan indescriptible que resulta irrefrenable el deseo de no separarse de él? ¡Es el auténtico Cielo! Entonces, ¿por qué lo dejaron solo ante las acusaciones tan graves, y al parecer injustas, de que fue objeto? El Evangelio quiere demostrar algo imposible por lo herético: El temor al castigo terrenal supera a la atracción de la presencia de Dios, a no ser que, en realidad, no estuviera refiriéndose a Él.

MATEO 26,40. Después volvió junto a sus discípulos y los encontró durmiendo. Jesús dijo a Pedro: ¿Es posible que no hayan podido quedarse despiertos conmigo, ni siquiera una hora?... Al regresar los encontró otra vez durmiendo, porque sus ojos se cerraban de sueño.

Mateo vino a decir que el hecho de estar junto al Hijo en los momentos cruciales es de tan escaso interés que preferimos echarnos a dormir. Esta imagen es contraria a la idea que intentan inculcar respecto a la sabiduría y atracción del Hijo.

MARCOS 3,21. Cuando sus parientes se enteraron, salieron para llevárselo, porque decían: Es un exaltado.

JUAN 7,5. Le dijeron sus hermanos: Sal de aquí y vete a Judea para que tus discípulos vean las obras que haces: nadie hace esas cosas en secreto si pretende manifestarse. Puesto que eso haces, muéstrate al mundo. Efectivamente, ni sus propios hermanos creían en él.

Pregunto: ¿Acaso no se ha revelado que María estaba informada de que había sido concebida por el Espíritu? ¿Es que no sabían los propios hermanos de Jesús que él era el Hijo de Yahvé? A lo largo de todos los evangelios queda suficientemente claro que tanto María como José, así como todos los familiares y conocidos, conocían todo lo sucedido respecto a la concepción milagrosa de Jesús y de su misión, por tanto es obvio que no deberían extrañarse de sus actuaciones. Sin embargo, los autores de Marcos y Juan plantean un asunto que no ha sido convenientemente explicado: sus familiares más próximos lo consideraban un exaltado y, por eso, no creían en él.

MATEO 11,20. Entonces Jesús comenzó a recriminar a aquellas ciudades donde había realizado más milagros, porque no se habían convertido.

MARCOS 14,50. Entonces todos lo abandonaron y huyeron.

Según cuentan, Jesús, precisamente porque tenía el poder de Dios, hacía milagros imposibles para los humanos ante los ojos encandilados de aquellas muchedumbres. Esto hay que creerlo con fe, mas, con esa misma fe, hemos de creer todo lo contrario; que Jesús, seguramente porque no tenía el poder de

Dios, era incapaz de convencer y la gente huía y le abandonaba. Es decir una absoluta contradicción de la Palabra.

JUAN 6,64. Pero hay entre vosotros algunos que no creen. En efecto, Jesús sabía desde el primer momento quiénes eran los que no creían y quién era el que lo iba a entregar. Y agregó: Por eso os he dicho que nadie puede venir a mí, si el Padre no se lo concede. Desde ese momento, muchos de sus discípulos se alejaron de él y dejaron de acompañarlo.

JUAN 8,45. Pero a mí no me creéis, porque os digo la verdad. ¿Quién de vosotros probará que tengo pecado? Y si os digo la verdad. ¿por qué no me creéis?

Después de leer todos esos versículos tan contradictorios, referidos a los poderes de Jesús, no encuentro otra justificación que esta: Todo estaba premeditado por la Trinidad desde el principio de los tiempos, o por los propios autores, así el Hijo unas veces actuaría conforme a sus conocimientos, mientras que otras, cuando conviniera, se comportaría como un torpe humano.

No sabía hacerse entender

MARCOS 16,15. Entonces les dijo: Id por todo el mundo, anunciad la Buena Noticia a toda la creación. El que crea y se bautice, se salvará. El que no crea, se condenará.

Creo que nunca llegaré a comprender el hecho fehaciente de que los fieles creyentes, esos que pretenden equiparar a Dios con Yahvé y Jesús, afirmen que Padre e Hijo, ambos, no sabían darse a entender y no convencían. Un buen maestro, el que conoce con profundidad la asignatura que imparte, sabrá el modo de hacerse entender y convencer en sus exposiciones.

MATEO 15,15. Pedro, tomando la palabra, le dijo: Explícanos esta parábola. Jesús le respondió: ¿Ni siquiera sois capaces de comprender?

HOMBRE O DIOS

MATEO 19,11. Y él les respondió: No todos entienden este lenguaje, sino solo aquellos a quienes se les ha concedido.

MARCOS 9,9. Mientras bajaban del monte, Jesús les prohibió contar lo que habían visto, hasta que el Hijo del hombre resucitara de entre los muertos. Ellos cumplieron esta orden, pero se preguntaban qué significará resucitar de entre los muertos.

LUCAS 8,9. Sus discípulos le preguntaron qué significaba esta parábola, y Jesús les dijo: A vosotros se os ha concedido conocer los misterios del Reino de Dios; a los demás, en cambio, se les habla en parábolas, para que miren sin ver y oigan sin comprender.

Lo razonable es pensar que lo que sucedía es que no creían porque él no esgrimía suficientes y contundentes razonamientos. Pero esto se comprendería si se tratara de un simple humano, pero jamás en el Hijo, al que se supone perfectamente capacitado para darse a entender. Me resulta sorprendente la nitidez con que la Revelación coloca a la Trinidad como inútiles comunicadores que no sabían el modo de hacerse entender por todos los humanos sin excepción.

Aquello fue un fracaso absoluto. Porque es de suponer que Jesús pondría todo su interés en ser creído. Son muchos los que pretenden justificarlo con aquello de que somos necios, pero me atrevo a refutar con esto otro: Que la Inteligencia de Dios superaría todas las barreras... lo cual no sucedía con Yahvé y Jesús, y esto es un mal síntoma para ambos.

JUAN 8,26. Dijo Jesús: Mucho tengo que hablar y juzgar de vosotros, pues el que me ha enviado es veraz y yo hablo al mundo lo que le oigo a él. Ellos no comprendieron que Jesús se refería al Padre.

Un repaso al evangelio de Juan para constatar que Jesús o eligió a los más torpes para aleccionarlos o, tal vez, no puso mucho empeño en ser comprendido o, quizás, porque fue incapaz de expresarse mejor. Estoy seguro que cualquier devoto de otra religión se reirá leyendo estos versículos, pues presentan al dios cristiano como un inepto en su intento de arengar a los hombres.

JUAN 8,37. Yo sé que sois descendientes de Abraham, pero buscáis matarme porque mi palabra no penetra en vosotros.

JUAN 13,26. Jesús le respondió: Es aquel al que daré el bocado que voy a mojar en el plato... En cuanto recibió el bocado, Satanás entró en él. Jesús le dijo entonces: Realiza pronto lo que tienes que hacer. Pero ninguno de los comensales comprendió por qué le decía esto.

JUAN 14,9. Jesús le respondió: Felipe, hace tanto tiempo que estoy con vosotros, ¿y todavía no me conocéis? Todavía tengo muchas cosas que deciros, pero no las podéis comprender ahora. Todavía no habían comprendido que, según la Escritura, él debía resucitar de entre los muertos.

Voy a cuestionar estos versículos.

Primero: "Porque mi palabra no penetra en vosotros."

¿Sería Dios capaz de que su Palabra penetrara en la mente de cualquier persona? Por supuesto, Dios sería capaz de eso y mucho más.

Segundo: "Es aquel al que daré el bocado que voy a mojar en el plato... En cuanto recibió el bocado, Satanás entró en él.."

Esto es de locos. Jesús era consciente de que Judas lo iba a traicionar y, si embargo, nada hizo por impedirlo. Además, sabía que, en cuanto le diera el bocado, el Demonio entraría en él y, pese a ello, siguió adelante. Creo que todo eso era una farsa premeditada, no encuentro otra explicación lógica.

Tercero: "Pero ninguno de los comensales comprendió por qué le decía esto."

Pudo haber sucedido porque eran tontos sin remedio, o porque estaban tan absortos, ante el cordero asado que devoraban, que no les interesaban las palabras de Jesús, o porque Jesús lo dijo musitando, adrede para que no le oyeran.

Cuarto: "Todavía tengo muchas cosas que deciros, pero no las podéis comprender ahora."

Lógicamente, la culpa de que no pudieran comprenderle no fue de quienes escuchaban, sino de Jesús, que no sabía hacerse entender.

Quinto: "Todavía no habían comprendido."

El evangelio pretende, una y otra vez, hacer ver que todas aquellas gentes eran muy torpes y que Jesús era muy listo, aunque deduzco que no sería tan inteligente cuando nadie lo entendía.

No convencía

Leyendo la Revelación, cualquiera podría deducir que el personaje Jesús o no sabía, o no podía, o no quería convencer al cien por cien de la población. Sin embargo, nadie en su sano juicio dudará que el Hijo, como ente inseparable de la Trinidad, tenía el atributo del poder absoluto de convencimiento. Es por eso que todos deberíamos creer firmemente que con una sola frase salida de su boca era capaz de convencer al mundo entero. Pero claro, si el Hijo hubiera venido aquí haciendo uso de ese atributo, resulta que el Proyecto ideado y diseñado por la Tres Personas, al interrumpirse, habría fracasado estrepitosamente y la Trinidad tildada de incompetente.

Por ejemplo, supongamos que el Hijo hubiera aparecido en Jerusalén utilizando todo su infinito poder persuasivo; es incuestionable pensar que todos, sin excepción, Anás y Caifás, Herodes, saduceos, fariseos, griegos, Pilato y demás romanos, se habrían rendido a la verdad irrefutable de la Palabra Divina; incluso, la noticia habría convertido al César a la Nueva Religión. Pero la Trama no habría podido desarrollarse y, por tanto, no habría culminado en el final premeditado.

Pues bien, para el buen fin del Plan, el Hijo tendría que encarnarse aceptando una serie de condiciones. Una de ellas era aparentar ser incapaz de convencer a la mayoría de las gentes en general y a los líderes en particular. Dicho de otra forma, a la Trinidad no le interesaba que el Hijo tuviera un éxito absoluto en su prédica, era la única forma de que su Proyecto sí tuviera el cien por cien de éxito. Una evidencia de lo anterior la aporta el Catecismo cuando confirma que ni los propios apóstoles estaban convencidos de lo que habría de ocurrir.

Catecismo (644)

Tan imposible les parece la cosa que, incluso puestos ante la realidad de Jesús resucitado, los discípulos dudan todavía...

Y diseñaron que el Hijo no convenciera.

Y les pareció bien.

¿Tendría Dios poder de convencimiento? Quienes, según ellos mismos aseguran, saben mucho de este asunto, vienen a decir que Dios, con una sola palabra, sería capaz de convencer al Universo entero.

¿Tenía Yahvé poder de convencimiento? Según la Revelación, inspirada por él mismo, está muy claro que solo sabía persuadir a su pequeño pueblo con el poder del terror. Tal era así que, en cuanto aflojaba lo más mínimo su mano dura, los judíos se ponían a adorar a la competencia.

¿Tenía el Hijo poder de convencimiento? Según dejaron escrito en el Libro Sagrado aquellos que juraron conocer con detalle sus andanzas terrenales, el Hijo convenció a muy pocos.

¿Cómo casar, pues, a estas tres entidades? Independientemente de llegar a la conclusión de que es imposible encajar esas tres aptitudes dispares, resulta que, según la solución que se aporte, podemos haber sido objeto de un timo. En efecto, ya que si se afirma, por un lado, que el Hijo está imbuido con el poder infinito de persuasión y, por otro lado, que no convenció porque no quiso ejercer ese poder, será coherente admitir que el Hijo nos estafó.

¿Sucedió realmente así, o toda esa incongruencia es producto de la naturaleza absolutamente humana de Jesús o, tal vez, se la debemos al interés exclusivo de los autores bíblicos?

Equivocado

JUAN 13,36. Simón Pedro le dijo: Señor, ¿a dónde vas?. Jesús le respondió: Adonde yo voy, tú no puedes seguirme ahora, pero más adelante me seguirás.

JUAN 14,4. Ya conocéis el camino del lugar adonde voy. Tomás le dijo: Señor, no sabemos adónde vas. ¿Cómo vamos a conocer el camino?

JUAN 16,5. Ahora me voy al que me envió, y ninguno de vosotros me pregunta: ¿A dónde vas?

Si no fuera porque la Palabra merece un respeto, habría que tomarla a broma. Hasta Juan, que parece el más serio de los evangelistas, se permitió escribir una cosa y la contraria. Primero Pedro y Tomás le preguntan a dónde va, después Jesús se queja de que no lo pregunten a dónde va.

MATEO 28,10. Entonces Jesús les dijo: No temáis, id, avisad a los hermanos míos que vayan a Galilea, allí me verán.

MATEO 28,16. Los once discípulos fueron, pues, a Galilea, al monte donde les había ordenado Jesús...

MARCOS 16,7. Pero id a decir a los discípulos de él y a Pedro: Va delante de vosotros a Galilea; allí lo veréis.

LUCAS 24,33. Y levantándose en aquella misma hora, se volvieron a Jerusalén y encontraron reunidos a los Once y los demás... Aún estaban hablando de esto cuando él mismo se puso en medio de ellos... Y los sacó fuera, hasta frente a Betania...

Los citó en Galilea, pero los apóstoles no le hicieron caso, por eso las escenas del reencuentro con sus discípulos transcurrieron en Jerusalén, donde estaba el sepulcro, y no en Galilea. Se ha de tener en cuenta que de Jerusalén a Galilea, atravesando Samaria, hay que recorrer un mínimo de ochenta kilómetros.

MATEO 13,41. El Hijo del hombre enviará a sus ángeles, y estos quitarán de su Reino todos los escándalos y a los que hicieron el mal, y los arrojarán en el horno ardiente: allí habrá llanto y rechinar de dientes.

MATEO 13,49. Así sucederá al fin del mundo: vendrán los ángeles y separarán a los malos de entre los justos, para arrojarlos en el horno ardiente. Allí habrá llanto y rechinar de dientes.

Con el fin de que no hubiera dudas lo repitió dos veces: -Los malos serán arrojados al horno ardiente-. No obstante, a esta gran verdad, revelada por la Segunda Persona, resulta que hace poco tiempo la Tercera Persona tuvo a bien quitarle truculencia inspirando al Papa esta otra verdad contraria a la anterior:

El infierno no es un lugar físico, es un estado de ánimo, donde el sufrimiento no proviene de fuego alguno sino de la falta de visión de dela Primera Persona.

MATEO 24,37. Cuando venga el Hijo del hombre, sucederá como en tiempos de Noé. En los días que precedieron al diluvio, la gente comía, bebía y se casaba, hasta que Noé entró en el arca; y no sospechaban nada, hasta que llegó el diluvio y los arrastró a todos. Lo mismo sucederá cuando venga el Hijo del hombre.

-Lo mismo sucederá cuando venga el Hijo del hombre-. O sea, como saludo amantísimo, en su próxima visita todos moriremos –más de siete mil millones de personas en pocos días-, que es lo mismo que decir que nadie verá esa segunda venida.

Es bien sabido que en el Proyecto Divino se incluía el convencer a las generaciones futuras de que el Diluvio fue universal y exitoso en su magnitud mortal. Y para corroborar esa intención del equipo Creador, fue revelado que hasta la propia Segunda Persona se vio obligada a seguir insistiendo en que aquellas aguas arrastraron a todos los seres vivientes. Y ello, pese a que sabían a ciencia cierta, que siglos después, la Ciencia demostraría la imposibilidad de tal Diluvio Universal y que, como mucho, solo murieron unos pocos. Aquí el dilema que planteo es si Jesús estaba equivocado o desinformado sobre la nula probabilidad de un Diluvio Universal. Pero, si en verdad era el Hijo, ninguna de esas dos posibilidades pudo darse, entonces ¿Por qué Jesús se empeñaba en mentir a sabiendas? Pues es muy sencillo, a los autores les interesaba infundir en las mentes de los adeptos el terror hacia Yahvé, el método idóneo para manejarlos mejor.

JUAN 21,23. Entonces se divulgó entre los hermanos el rumor de que aquel discípulo no moriría, pero Jesús no había dicho a Pedro: El no morirá, sino: Si yo quiero que él quede hasta mi venida, ¿qué te importa?

HECHOS 1,10. Como permanecían con la mirada puesta en el cielo mientras Jesús subía, se les aparecieron dos hombres vestidos de blanco, que les dijeron: Hombres de Galilea, ¿por qué seguís mirando al cielo? Este Jesús que os ha sido quitado y fue elevado al cielo, vendrá de la misma manera que lo habéis visto partir.

Si actuaba como hombre, daba muestras de su incapacidad para predecir el futuro. Pero, si era Dios, ¿por qué se empeñaba en mentir? El Hijo sabía, porque él había intervenido en el diseño de todo, que no vendría a corto plazo, no antes de dos mil años; sin embargo, daba esperanzas a los suyos sobre su inminente regreso, incluso les aseguraba que pronto regresaría como se fue, descendiendo en una nube a pecho descubierto por la troposfera.

HECHOS 1,16. Hermanos, era necesario que se cumpliera la Escritura en la que el Espíritu Santo, por boca de David, habla de Judas, que fue el jefe de los que apresaron a Jesús.

El jefe de quienes le apresaron no era Judas, que nada tenía que ver con los soldados ni con la guardia del Templo.

MATEO 19,28. Jesús les respondió: Os aseguro que en la regeneración del mundo, cuando el Hijo del hombre se siente en su trono de gloria, vosotros, que me habéis seguido, también os sentaréis en doce tronos, para juzgar a las doce tribus de Israel.

Aquí, Jesús insistía en su error de creer en un mundo regenerado, lo cual es imposible. Pero, sobre todo, me llama la atención su promesa de que aquellos doce, entre los que se incluía Judas, se sentarían en doce tronos. Pus bien, esos sabios que dicen conocer a la perfección el pensamiento del Hijo, todavía no saben si aquella metedura de pata se debió a un error, a un despiste o a una mentira piadosa premeditada, con el fin de Judas, el presunto traidor, continuara confiadamente con el grupo.

MATEO 23,36. De cierto os digo que todo esto vendrá sobre esta generación.

Dice Karlheinz Deschner:

"El inminente fin del mundo", escribe Eduard von Hartmann, "fue el <auténtico y único> contenido del Evangelio, el único que le confería el carácter de <buena>

nueva, era el dogma fundamental del cristianismo primigenio, era incluso (junto a la mesianidad de Jesús) el <único> dogma del cristianismo primitivo, y dejó de ser dogma cuando se mostró que era falso, sin que terminara por ello de seguir siendo una esperanza secreta y silenciosa..."

¿Pero cómo les iba a ordenar Jesús -que se creía "enviado solo a las ovejas perdidas de Israel", que ordenó a los apóstoles "no emprender el camino hacia los pueblos gentiles", que profetizó "el Hijo del hombre vendrá antes de que hayáis terminado de recorrer las ciudades de Israel"- llevar a cabo la misión del mundo? Solo que más tarde, y precisamente para justificar una praxis y en contradicción con las palabras de Jesús, se introduce, al final del Evangelio de Mateo, la orden del bautismo, en la que el "resucitado" decreta la misión del mundo.

Malos ejemplos

MARCOS 7,1. Los fariseos con algunos escribas llegados de Jerusalén se acercaron a Jesús, y vieron que algunos de sus discípulos comían con las manos impuras, es decir, sin lavar. Los fariseos, en efecto, y los judíos en general, no comen sin lavarse antes cuidadosamente las manos, siguiendo la tradición de sus antepasados; y al volver del mercado, no comen sin hacer primero las abluciones. Además, hay muchas otras prácticas, a las que están aferrados por tradición, como el lavado de los vasos, de las jarras y de la vajilla de bronce. Entonces los fariseos y los escribas preguntaron a Jesús: ¿Por qué tus discípulos no proceden de acuerdo con la tradición de nuestros antepasados, sino que comen con las manos impuras? Él les respondió: ¡Hipócritas!... Ninguna cosa externa que entra en el hombre puede mancharlo; lo que lo hace impuro es aquello que sale del hombre.

He comentado anteriormente sobre mi extrañeza respecto a que Jesús no informara a la población mundial sobre la necesidad de adoptar costumbres más sanas que evitaran enfermedades, pues es más práctico prevenir que curar. ¿Acaso prefería dejar que enfermaran para después alardear de curarlos? Porque nadie me negará que el Hijo debería ser conocedor de la eficacia de una profilaxis preventiva. Entonces, ¿por qué Jesús llamó hipócritas a quienes deseaban saber las razones por las que los discípulos no cumplían con las normas elementales de higiene?

MATEO 15,1. Entonces, unos fariseos y escribas de Jerusalén se acercaron a Jesús y le dijeron: ¿Por qué tus discípulos quebrantan la tradición de nuestros antepasados y no se lavan las manos antes de comer?... Jesús llamó a la multitud y le dijo: Escuchad y comprended. Lo que mancha al hombre no es lo que entra por la boca, sino lo que sale de ella... Estas son las cosas que hacen impuro al hombre, no el comer sin haberse lavado las manos.

Como casi siempre sucede, los evangelios sinópticos se copian idénticos disparates. Lo más probable, es que todo se deba a que los evangelistas, y en especial el ideólogo Pablo, desconocieran que muchas enfermedades tienen un origen previsible y combatible con una adecuada higiene, y, por tanto, las asumieran como un mal inherente a la humanidad pecadora. Porque no creo que haya nadie que, por mucha fe ciega que padezca, asuma que el Hijo, encarnado en Jesús, era un guarro que ni se lavaba las manos antes de comer ni procedía a limpiar meticulosamente la vajilla para evitar infecciones, dando así un mal ejemplo. Y la respuesta que atribuyen a Jesús es de doctorado en Medicina: "Ninguna cosa que entra por la boca del hombre puede mancharlo." Siempre comportándose pensando en el espíritu, solo pensando en los males del alma, nunca en los padecimientos físicos que pudieran causar las infecciones por gérmenes que fueron creados por la Trinidad.

Estos pasajes vuelven a darme otra prueba más de algo que ya he repetido. El interés de la Iglesia Verdadera por presentar al Hijo encarnado como un analfabeto en cuestiones elementales para el bienestar humano.

Porque nadie me rebatirá mi idea de que Dios, si viniera por aquí, gracias a su infinito amor, advertiría a la humanidad de los peligros de las infecciones y colaboraría en la eliminación de las enfermedades, es más, creo que nunca se le habría ocurrido crear esos bichitos patógenos, ni enviar plagas contra sus amados hijos. Sin embargo, la Revelación afirma que Yahvé sí lo hizo y que el Hijo estuvo de acuerdo, pues lo apoyó y no lo criticó.

MATEO 21,19. Al ver una higuera cerca del camino, se acercó a ella, pero no encontró más que hojas. Entonces le dijo: Nunca volverás a dar fruto. Y la higuera se secó de inmediato.

Una reacción descontrolada, una venganza impropia del personaje, a causa de la ira que le provocó la ausencia de higos con que calmar el hambre, todo ello contradictorio con los atributos que deberían adornar al Hijo.

JUAN 7, 8. Subid vosotros para la fiesta. Yo no subo a esa fiesta, porque mi tiempo no se ha cumplido todavía. Después de decirles esto, permaneció en Galilea. Sin embargo, cuando sus hermanos subieron para la fiesta, también él subió, pero en secreto, sin hacerse ver.

Voy a intentar justificar esta mentira flagrante atribuida a Jesús. Es sabido que él era judío y fiel cumplidor de la Ley de Yahvé, por eso no le importaba mentir. ¿Por qué digo esto? Porque el Decálogo no contemplaba como pecado el hecho de mentir en general, sino solo en caso de perjurio. Y como Jesús tampoco era cristiano, y mucho menos católico, no estaba obligado a cumplir los futuros mandamientos de la Iglesia Verdadera, que sí contemplan la simple mentira como una falta execrable.

La Eucaristía

El pan, harina y agua, se convierte en el cuerpo de Jesús. Es decir, el proceso es el siguiente:

Yahvé, dios padre y señor nuestro, se convierte, por decisión propia, en el hombre Jesús; después, por decisión de la Iglesia <Verdadera>, el cereal se convierte en Jesús, que es Dios por sí mismo. Esto conlleva a una peliaguda situación. La hostia consagrada, que ya es verdaderamente Dios, puede ser tocada con las manos por los feligreses –en mis tiempos jóvenes eso era sacrílego-. Una vez introducida en la boca del creyente no se debe masticar porque supondría destrozar el cuerpo divino. Enseguida, se mezcla con la saliva y se convierte en bolo alimenticio para que se pueda deglutir.

¿Sigue siendo el Cuerpo de Cristo? La Iglesia Verdadera, que es quien más sabe de este asunto, no especifica si Yahvé permanece en la hostia durante todo el proceso digestivo.

A continuación, en el estómago, los ácidos se encargan de disolver el Cuerpo de Cristo y éste pasa al intestino delgado para que sus nutrientes sean absorbidos. Este proceso es lento puesto que, pese a ser verdaderamente la carne de Yahvé o del Hijo, no dejan de ser hidratos de carbono. Después, el hígado los convierte lentamente en azúcares. Entonces parte de la Trinidad es ya algo dulce para el organismo del creyente, lo cual es grandioso.

Pero el problema escatológico, en el mal sentido, comienza cuando el resto del Cuerpo de Cristo pasa al intestino grueso. Ahí se mezcla con las heces de otros alimentos ingeridos con anterioridad. En mis tiempos era obligatorio ayunar toda la noche anterior con el fin de reducir al máximo este problema. Después el tiempo se redujo a tres horas y hoy no sé como estará.

Algo similar sucede con el vino consagrado, que se convierte en la sangre alcoholizada de Cristo. Al respecto, puedo certificar que el <vino de consagrar> suele ser de alta graduación. Mi abuelo paterno, en la primera mitad del siglo XX, poseía una finca en Melilla llamada La Viña, allí se cultivaba una uva moscatel de gran calidad de la que extraía un vino dulce exquisito. Este destilado, muy adecuado para ser libado por los dioses, se vendía en las farmacias para recuperar el apetito de los anémicos, además, destacaba sobre otros porque era muy apreciado por los párrocos, pues lo consideraban idóneo para ser consagrado.

HAZ EL BIEN Y N MIRES A QUIÉN

Una mujer pagana toma la iniciativa de acudir a Jesús aunque no pertenece al pueblo judío. Es una madre angustiada que vive sufriendo con una hija "atormentada por un demonio". Sale al encuentro de Jesús dando gritos: **"Ten compasión de mí, Señor, Hijo de David"**. La primera reacción de Jesús es inesperada. Ni siquiera se detiene para escucharla. Todavía no ha llegado la hora de llevar la Buena Noticia de Dios a los paganos. Como la mujer insiste, Jesús justifica su actuación: "Solo me han enviado a las ovejas descarriadas de la casa de Israel".

Capítulo 7. LA VIDA PÚBLICA

El mundo entero era depravado en todas sus costumbres, el crimen era lo habitual, no existía la caridad y los grandes sabios y pensadores eran inmorales.

Esto es lo que viene a decir la Iglesia Verdadera. Pero, gracias a la moral que ella se encarga de impartir, la humanidad vino a ser inmensamente feliz, ahora esa moralidad impera en todos los actos de Humanidad... Amén.

MATEO 17,1. Después de seis días, Jesús tomó a Pedro, Santiago y Juan, su hermano, los llevó a solas en una montaña alta y se transfiguró delante de ellos. Su rostro resplandecía como el sol y sus vestidos se volvieron blancos como la luz. Y he aquí que vieron a Moisés y Elías, hablando con él.

Primero. Moisés, que se sepa, murió, fue enterrado y no ha resucitado hasta la fecha.

Segundo. Jesús, conocido también como el Hijo encarnado, la Palabra o la Segunda Persona de La Trinidad, consustancial con las otras Dos Personas, y siendo Dios por sí mismo... ¿Por qué habría de entrevistarse con dos humanos? Si Moisés y Elías -aquí se echa en falta a Enoc- estaban en la Gloria junto a Dios, ¿por qué bajaron a la Tierra par charlar con Dios?

En comunión con Yahvé

Y como prueba indiscutible de todo lo dicho, ahí está, plasmado en la Revelación, el comportamiento del Hijo asumiendo todas y cada una de las atrocidades certificadas en el Antiguo Testamento. Él jamás criticó las matanzas que causó la conquista de la Tierra Prometida, aceptó los juicios sumarísimos, las ordalías injustas y las ejecuciones inmediatas impuestas por la Ley del Padre. ¿Por qué? Porque no tenía otra opción que aceptarlas como sucesos irremediables, pues así fue proyectado en el principio de los tiempos.

Aquellos autores debían ser avispados sicólogos, es la explicación que encuentro al comportamiento de sus personajes. Ellos ya aplicaban esa conocida frase de nuestros tiempos: -Contra los cuerpos la violencia, contra las almas las mentiras.-

Kempis escribió su -Imitación a Cristo-; pues bien, yo propongo escribir la -Imitación a Yahvé-, dios padre y señor nuestro o, incluso la -Imitación al Hijo-. El que esas imitaciones no se hayan escrito todavía debe ser porque nada bueno hay que imitar de esos personajes, que fueron moldeados a imagen y semejanza de sus inventores. Y para que se pudiera imitar a alguien hubo que adaptar a un hombre denominado Jesús y moldearlo como un nuevo e idealizado Cristo.

Después viene el Nuevo Testamento, donde aparece con total claridad la equivocación de todos sus autores que, creyendo al pie de la letra todo lo que decía su Torah, tenían a Yahvé por Dios Único, Verdadero y Omnipotente. Y de entre aquellos personajes destaca Jesús, que contagiado de la mentalidad de sus autores, tenía una fe ciega en Yahvé. Y Pablo, como buen judío, comulgaba plenamente con su libro sagrado; por eso el personaje de Jesucristo creía firmemente que Yahvé era Dios. Él asumía todos y cada uno de los relatos veterotestamentarios; le parecieron muy bien las guerras, los genocidios de los pueblos conquistados, los juicios injustos aplicados a las pecadoras. Jesucristo tampoco hizo nada en favor de los niños que morían de hambre en pueblos lejanos; fue a lo fácil: sanó a uno pocos que estaban cerca de él, pero nada hizo por el resto de los desamparados olvidados de Yahvé.

Evangelizando

En general, el Evangelio fue originariamente un mensaje apocalíptico, escatológico, en el buen sentido, y una predicación del inminente fin del mundo que incluía la Parusía.

Catecismo 74.

Yahvé "quiere que todos los hombres se salven y lleguen al conocimiento de la verdad" (1 Tim 2,4), es decir, al conocimiento de Cristo Jesús (cf. Jn 14,6). Es preciso, pues, que Cristo sea anunciado a todos los pueblos y a todos los hombres y que así la Revelación llegue hasta los confines del mundo.

La Iglesia Verdadera, que dice saber casi todo respecto a Yahvé, confirma que él quiere que todos los hombres se salven, supongo que las mujeres también; aunque no da la prueba definitiva que aclare, de una vez, por qué, si tenía ese interés, él mismo no enseñó el camino directamente y se puso manos a la obra. Cuentan que tenía medios y poder para revelar con nitidez total lo que quisiera en un instante y al unísono. Sin embargo, es evidente que Yahvé, como era de esperar, fue infinitamente listo al inspirar a los autores un texto en el que daría a entender que él no tenía capacidad para hacer que, en unos días y por sí solo, la Revelación llegara hasta los confines de mundo. Afortunadamente, los creyentes saben que los atributos de Yahvé le permitirían hacer eso y mucho más; por lo cual el Catecismo debería aclarar por qué esta creencia dogmática es contradictoria con lo que dice en el punto 74; aunque creo tener la respuesta:

Para Yahvé era mucho más divertido contemplar cómo miles de personas, durante siglo y siglos, se afanan en intentar desentrañar la Revelación al completo, cosa que él podría haber logrado en un instante.

Por otro lado, los apóstoles, con escasos medios, recorrieron buena parte del mundo conocido evangelizando; incluso hay quien se atreve a asegurar que alguno llegó hasta Compostela. El asunto es que ellos, simples humanos, se esforzaron, durante un par o tres de décadas, en llevar la Buena Nueva a países lejanos. Esta actitud contrasta con la del Hijo que apenas dedicó tres años, en una limitada zona de Asia, a ejercer la labor para la que había sido encarnado.

LUCAS 4,43. Pero Él les dijo: También a las otras ciudades debo anunciar la Buena Noticia del Reino de Dios, porque para eso he sido enviado.

El versículo anterior refrenda lo que he dicho. Jesús tenía cortedad de miras, pues no veía más allá de sus propias narices. No le interesaba el resto del mundo, solo se preocupaba de unas cuantas aldeas de su patria, Israel. Evidentemente, esta actitud es consecuencia de las mentes de sus autores.

¿Por qué las Tres-Personas-en-Una no concedieron más tiempo al Hijo? La respuesta explícita todavía no ha sido revelada o no se ha sabido descifrar. Es razonable creer, de un parte, que el Hijo, a los 15 años, ya estaría perfectamente capacitado para convencer con su Palabra Divina; de otra parte, que la necesaria crucifixión podía haberse demorado hasta cumplir, al menos, los 65 años. Con estos pequeños cambios en el Plan, resultaría que el Hijo habría dispuesto de cinco largas y fructíferas décadas para mejorar considerablemente sus resultados.

Y ahora no hay más que hacer unos pequeños cálculos para tener idea de lo que el Hijo encarnado pudo haber realizado en 50 años, y sin necesidad de aprovecharse de su ubicuidad. Si empleó dos años de actividad intensa en recorrer todo Israel, proporcionalmente, hubiera podido haber evangelizado, durante los otros 48 años, un área que abarcaría toda Europa y

Oriente Medio. En el mundo laboral eso se conoce como dedicación plena y jornada intensiva. Es seguro que con esa entrega e intensidad se hubieran acortado los plazos para evangelizar a toda la Humanidad, y no haberlo hecho así está suponiendo una demora innecesaria en el cumplimiento de los objetivos. Pero eso ya no tiene remedio; así estaba ideado y así se hizo.

Es cierto que no tenemos capacidad para discernir los designios de Yahvé. Pero lo dicho me lleva a otra pregunta sin respuesta coherente hasta ahora: ¿Por qué hubo ese interés en demorar la Redención y alargar la hegemonía impune del Diablo durante miles de años?

Como ya dije, tal vez esas incoherencias se justifican desligando la personalidad de Hijo de la del personaje Jesús. Así es, pues si en la inspiración de los relatos se hubiera concedido más tiempo al Hijo, o no se hubiera demorado la Redención ni permitido la libre circulación del Diablo, es seguro que el Proyecto no se habría podido ejecutar al completo y el fracaso de la Trinidad habría sido estrepitoso.

Milagrería

¿Alguien cree que Dios necesitaría hacer milagros para demostrar sus atributos? ¿Alguien cree que Dios, para convencer, se vería obligado a actuar contra la Naturaleza creada por Él?

Pues bien, resulta que Jesús tuvo que excederse en su afán milagrero para intentar ser rconocido y, aun así, fue abandonado por aquellas miles de personas que recibieron su gracia, incluso algunos de sus discípulos huyeron en los momentos difíciles.

HOMBRE O DIOS

MARCOS 9,38. Juan le dijo: Maestro, hemos visto a uno que expulsaba demonios en tu Nombre, y tratamos de impedírselo porque no es de los nuestros.

Esto es el colmo de la paranoia. Se sabe que Jesús expulsaba a los demonios gracias a su exclusivo atributo divino que el otorgaba Yahvé. Pues bien, según certifica la propia Revelación, resulta que por allí andaba otro individuo con idéntico poder divino. Conclusión: O aquel exorcista era otro dios encarnado, o ambos, Jesús y el émulo, eran simplmente iguales al resto de curanderos.

Y el exceso llega cuando cuentan que los discípulos pretendieron evitar que aquel hombre hiciera obras de misericordia liberando a los endemoniados.

MATEO 24,24. Porque aparecerán falsos mesías y falsos profetas que harán milagros y prodigios asombrosos, capaces de engañar, si fuera posible, a los mismos elegidos.

Lo cierto es que, gracias a la Revelación, se sabe que, al menos en aquellos tiempos, era bstante común encontrarse con magos y curanderos con poderes similares a los que ostentaba Jesús. Por eso creo que si Jesús hubiese podido hacer un milagro incuestionablemente diferenciador de la competencia, lo habría llevado a cabo para demostrar su procedencia divina.

MATEO 7,22. Muchos me dirán en aquel día: Señor, Señor, ¿acaso no profetizamos en tu Nombre? ¿No expulsamos a los demonios e hicimos muchos milagros en tu Nombre?

Hoy contamos en España, entre otros, con el Doctor Cabadas, un especialista en reimplantar órganos amputados, ya sean los propios de la víctima o de donantes. Este médico es humano y no hace milagros, pero supera claramente a Jesús. Lo explico a continuación.

MATEO 14,8. Instigada por su madre, ella dijo: Tráeme aquí sobre una bandeja la cabeza de Juan el Bautista. El rey se entristeció, pero a causa de su juramento y por los convidados, ordenó que se la dieran y mandó decapitar a Juan en la cárcel... Los discípulos de Juan recogieron el cadáver, lo sepultaron y después fueron a informar a Jesús. Oyéndolo Jesús, se apartó de allí en una barca a un lugar desierto y apartado.

Jesús perdió una oportunidad única para superar a todos sus rivales, brujos y sanadores, convirtiendo para la causa y para siempre a Herodes. De haber podido, es seguro que habría recogido la cabeza del Bautista para reimplantársela, con lo cual se habrían acabado todas las especulaciones referidas a los poderes divinos de Jesús. Sin embargo, en vez de actuar con esa lógica, huyó temeroso a esconderse a un lugar solitario y lejano. Tal vez, obró de esa manera incomprensible porque el Proyecto, en cuyo diseño él mismo había participado en el inicio de los tiempos, requería que el Bautista desapareciera con el fin de no hacerle sombra, por tanto, no interesaba resucitarlo.

Aunque poniéndome serio, me aflige la escena de cobardía describiendo a Jesús poniendo pies en polvorosa cuando se enteró de que habían decapitado a Juan.

MATEO 27,52. Y las tumbas se abrieron. Muchos cuerpos de santos que habían muerto resucitaron y, saliendo de las tumbas después que Jesús resucitó, entraron en la Ciudad santa y se aparecieron a mucha gente.

Este milagro, público y notorio, fue tan insólito y espectacular que dejó enmudecidos a todos los historiadores de la época. A nadie se le ocurrió contarlo, quizá por temor a ser calificado como mentiroso compulsivo. Afortunadamente Mateo, que fue el único, sí tuvo el coraje de narrarlo, arriesgándose a ser calificado de embustero.

JUAN 14,12. Os aseguro que el que cree en mí hará también las obras que yo hago, y aún mayores, porque yo me voy al Padre.

¿Cuántos verdaderos creyentes se contabilizan en el mundo? Son mil, quizá cien, tal vez sólo diez. Los que sean deberían ser suficientes para, cumpliendo con la profecía de Jesús, inundar los cinco continentes con asombrosas obras. ¿Por qué no están ocurriendo esas maravillas? Pudo ocurrir que...

- Jesús se excedió en su afán visionario

- Jesús no lo tenía muy claro y se equivocó.

- Jesús, aún sabiendo que eso no sucedería, mintió

- Que jamás ha habido un auténtico creyente.

MATEO 3,16. Apenas fue bautizado, Jesús salió del agua. En ese momento se abrieron los cielos, y vio al Espíritu de Dios descender como una paloma y dirigirse hacia él. Y se oyó una voz del cielo que decía: Este es mi Hijo muy querido, en quien tengo puesta toda mi predilección.

MATEO 4,1. Entonces Jesús fue llevado por el Espíritu al desierto, para ser tentado por el demonio.

Supongo que estas escenas debieron ser contempladas por todas las personas que acudían a oír al Bautista. No todos los días se oye una voz venir del cielo, ni tampoco se ve a la Segunda Persona transportar a la Primera. Este suceso tan ostentoso debería de haber sido relatado extensamente por todo el orbe y arraigado como una leyenda indeleble, sin embargo, nadie más que ese evangelista lo contó.

MATEO 13,58. Y no hizo allí muchos milagros, a causa de la falta de fe de esa gente.

MATEO 17,20. Porque tenéis poca fe, les dijo. Os aseguro que si tuvierais la fe del tamaño de un grano de mostaza, diríais a esta montaña: Trasládate de aquí a allá, y la montaña se trasladaría; y nada sería imposible para vosotros. En cuanto a esta clase de demonios, no se los puede expulsar sino por medio de la oración y del ayuno.

No sé si Mateo fue consciente de su metedura de pata. En otras ocasiones ya se había puesto en boca del personaje Jesús frases parecidas: <Tu fe te ha salvado>. Hoy la Medicina conoce cuán importante es la fe del enfermo en la evolución de sus males. Quien se hunde moralmente frente a una dolencia, termina sucumbiendo, mientras que quien la afronta con entereza y buen ánimo, eleva al máximo sus posibilidades de curación. Por eso se concede tanta importancia al aspecto psicológico, y Jesús, al parecer, lo intuía. Mas, esta revelación viene a asegurar que las curaciones adjudicadas a Jesús no eran debidas únicamente a su poder, sino que dependían en gran medida del grado de fe del enfermo.

Gracias a Mateo, me entero de que los demonios son parásitos y, por ello, necesitan que los poseídos se mantengan bien alimentados ya que, si no lo hacen, ellos se resienten. Imagino, pues, que los exorcistas recomendarán el ayuno siguiendo las instrucciones de Jesús.

JUAN 9,6. Después que dijo esto, (Jesús) escupió en la tierra, hizo barro con la saliva y lo puso sobre los ojos del ciego.

Este es un método utilizado por numerosos curanderos. Desde muy antiguo se conocen los beneficios de la saliva, que fue utilizada para curar numerosas dolencias.

Trascribo aquí tres párrafos del libro: ¿Qué cura la saliva y por qué? De Andrés Amado Zuno Arce

Sirve para casi toda dolencia, desde un pequeño golpe, ¡hasta para la eterna juventud y la inmortalidad!, de acuerdo a estudiosos de Oriente, y no distingue, ni discrimina, razas, credos, profesiones, estratos sociales... nada, aunque no es panacea. Y fue el primer antibiótico usado. Además complementa a los otros medios curativos. Sola no puede con todo.

La han empleado y estudiado reyes, gente del pueblo, hombres místicos, sabios (Aristóteles, A. C. Celso, Cristo, Hipócrates, Galeno, Mahoma, Jung, Kant, Maimónides, Paracelso, Plinio, etc.) Todos los humanos, pues, e incluso los animales. Y hay quines suponen que fuimos hechos con barro y saliva de Dios.

Se ha usado y hablado de ella en las casas de los humildes, en las universidades, en los templos. Los libros sagrados la mencionan: El Bhagavad-Gita, La Biblia, El Corán, El Popol Vuh, El Ramayana, El Talmud, etc., y hasta ha sido usada para crear dioses, según el Libro Sagrado de los Muertos, de Egipto.

El evangelista cita la utilización de la saliva por parte de Jesús como si fuera propio de un conocimiento exclusivo. Sin embargo, es sabido que era un remedio utilizado por todos los curanderos desde mucho antes de que el Hijo lo hiciera.

JUAN 11,11. Después agregó: Nuestro amigo Lázaro duerme, pero yo voy a despertarlo. Sus discípulos le dijeron: Señor, si duerme, se curará. Ellos pensaban que hablaba del sueño, pero Jesús se refería a la muerte. Entonces les dijo abiertamente: Lázaro ha muerto, y me alegro por vosotros de no haber estado allí, a fin de que creáis. Vayamos a verlo. Tomás, llamado el Mellizo, dijo a los otros discípulos: Vayamos también nosotros a morir con él. Cuando Jesús llegó, se encontró con que Lázaro estaba sepultado desde hacía cuatro días... y dijo: Quitad la piedra. Marta, la hermana del difunto, le respondió: Señor, huele mal; ya hace cuatro días que está muerto.

El milagro más importante, el que otorga definitivamente la categoría de divino, resulta que fue silenciado por los otros tres evangelistas, que fueron, precisamente, quines más cerca, cronológicamente, estuvieron del acontecimiento. El evangelio de Juan fue escrito en el siglo II, mientras que los otros, los sinópticos, se escribieron unas décadas después de la muerte de

Jesús, lo cual debería suponer un mejor conocimiento de los hechos, sin embargo, es sospechoso que nadie de sus más próximos lo contara.

¿De qué vivían?

LUCAS 6,24. Pero ¡ay de vosotros los ricos, porque ya tenéis vuestro consuelo!

LUCAS 16,25. Hijo mío, respondió Abraham, recuerda que has recibido tus bienes en vida y Lázaro, en cambio, recibió males; ahora él encuentra aquí su consuelo, y tú, el tormento.

Un joven heredero, por el mero hecho de haber recibido el legado de una fortuna, era merecedor de infierno; por lo tanto se le hacía imprescindible deshacerse cuanto antes de sus riquezas, y el mejor modo de ganarse el cielo era que cediera todo su patrimonio a las arcas de la Iglesia Verdadera, era la única forma de garantizarse la gloria eterna.

MATEO 1,36. Entonces, dejando a la multitud, Jesús regresó a su casa.

MATEO 9,10. Mientras Jesús estaba comiendo en su casa, acudieron muchos publicanos y pecadores, y se sentaron a comer con él y sus discípulos.

HECHOS 10,22. Ellos respondieron: El centurión Cornelio, hombre justo y temeroso de Dios, que goza de la estima de todos los judíos, recibió de un ángel de Dios la orden de conducirse a su casa para escuchar tus palabras. Entonces Pedro los hizo pasar y les ofreció hospedaje

HECHOS 1,13. Cuando llegaron a la ciudad, subieron a la sala donde solían reunirse.

Cuentan que Jesús era pobre de solemnidad, pero tenía casa propia. Jesús vivía en la indigencia, aunque recibía en su mesa a numerosos invitados, además de los apóstoles y discípulos.

Visto ese dispendio, me pregunto de dónde sacaría el dinero, porque ni él ni sus adeptos trabajaban ya que, por imperativo del líder, todos habían abandonado sus oficios para seguirle.

Por otro lado, la Revelación no especifica si el hospedaje que ofreció Pedro estaba en el mismo domicilio de Jesús o en otro, lo cierto es que la casa no debía ser pequeña pues podía albergar huéspedes. En definitiva, aquel grupo no era ta pobres como pretenden presentarlo.

MARCOS 14,14. Y decidle al dueño de la casa donde entre: El Maestro dice: ¿Dónde está mi sala, en la que voy a comer el cordero pascual con mis discípulos?

Y para celebraciones especiales se permitía el lujo de alquilar un salón para banquetes y encargar una opípara cena a base de la carne más selecta regada con buen vino de la tierra. No sé si los autores son conscientes de que, con esos versículos, están confirmando que el Hijo no se privaba y que aprovechaba sus días en la Tierra para explayarse en placeres materiales.

LUCAS 8,1. Después, Jesús recorría las ciudades y los pueblos, predicando y anunciando la Buena Noticia del Reino de Dios. Lo acompañaban los Doce y también algunas mujeres que habían sido curadas de malos espíritus y enfermedades: María, llamada Magdalena, de la que habían salido siete demonios; Juana, esposa de Cusa, intendente de Herodes, Susana y muchas otras, que los ayudaban con sus bienes.

¿De qué vivían, pues? Alguna pista han revelado. Un gigoló es aquel que vive a costa de las mujeres. Este no es el caso, aunque, al parecer, aquellos machistas, incluso misóginos, vivían a costa de las mujeres que habían conseguido captar con sus artimañas. ¿Es el mejor ejemplo a seguir? Pues así lo hicieron quienes les siguieron, imitando a sus fundadores. La Iglesia Verdadera en los siguientes siglos se dedicó a la caza y captura de las damas ricas, en especial de aquellas que quedaban en el desamparo espiritual y psicológico por la muerte del esposo. En esta saca entraron numerosas reinas y princesas, nobles y adineradas damas, siempre dando preferencia a aquellas que podían hacer donación de inmensas tierras a cambio de la promesa de un pedazo de Cielo.

LUCAS 10,7. En las ciudades donde entren y sean recibidos, coman lo que les sirvan. Permanezcan en esa misma casa, comiendo y bebiendo de lo que haya, porque el que trabaja merece su salario. No vayan de casa en casa.

Aquellos apóstoles habían tenido duros oficios, acordes con las condiciones laborales extremas de la época, pero cuando los captó Jesús debieron sentirse ya en la Gloria. Habían pasado del penoso esfuerzo físico al reconfortante trabajo espiritual de salvar almas, es decir, vivían a costa del temor del amado prójimo.

LUCAS 14,1. Un sábado, Jesús entró a comer en casa de uno de los principales fariseos. Ellos lo observaban atentamente.

LUCAS 19,5. Al llegar a ese lugar, Jesús miró hacia arriba y le dijo: Zaqueo, baja pronto, porque hoy tengo que alojarme en tu casa.

Eso sí, hay que reconocer que adjudicaron a Jesús la facilidad de auto invitarse en casa ajena, y de no importarle que el anfitrión, un fariseo, no comulgara con sus ideas.

HECHOS 9,43. Pedro permaneció algún tiempo en Jope, en la casa de un curtidor llamado Simón.

HECHOS 10,9. Al día siguiente, mientras estos se acercaban a la ciudad, Pedro, alrededor del mediodía, subió a la terraza para orar. Como sintió hambre, pidió de comer. Mientras le preparaban la comida, cayó en éxtasis y tuvo una visión.

Las enseñanzas del Maestro dieron sus frutos y todos iban de gorrones por los caminos de Yahvé.

HOMBRE O DIOS

HECHOS 10,48. Y ordenó que fueran bautizados en el nombre del Señor Jesucristo. Entonces le rogaron que se quedara con ellos algunos días.

La Iglesia Verdadera recauda por muchos conceptos. Los ingresos procedentes de las aportaciones por la X en las declaraciones de Hacienda, supongo que estarán controlados, pero prácticamente el resto de lo que recaudan escapa al fisco, es dinero negro, y a veces son cifras tan cuantiosas que ni ellos mismos llegan a controlar. Al respecto, hace poco se dio un caso que evidencia lo que digo. Un electricista que hacía trabajos en la Catedral de Santiago de Compostela estuvo sustrayendo del cepillo, durante decenas de años, grandes de sumas de dinero. En billetes se le han encontrado, sumando euros y dólares, casi dos millones de euros, a lo que hay que añadir varias propiedades compradas al contado. Pues bien, me pregunto cuánto recaudan si, como asegura la policía, en el último año se estuvo llevando unos 700 euros diarios sin que los curas lo echaran en falta.

Como decía la buena de mi suegra: Se adelanta más pidiendo que dando.

Y esta sabiduría eclesial ha sido imitada a lo largo de los siglos, incluso, hoy en día, siguen apareciendo casos de listos que se aprovechan de la fe ciega. Casos flagrantes son los de Lourdes y Fátima, que eran aldeas olvidadas y se han convertido, gracias a la mediación de María, en urbes plagadas de hoteles, restaurantes, comercios y una industria donde se fabrican los más variopintos exvotos y recuerdos marianos. Una de las cosas que más me sorprende de Fátima es esa hoguera permanente donde se queman cada día más de tres toneladas de unas velas marrones que los fieles compran, bajo apariencia de limosnas voluntarias, para arrojar al fuego. Esto genera un negocio pingüe ya que la cera derretida es recogida y vuelta a convertir en velas, de ahí su color oscuro.

Hace pocas décadas apareció otra vidente en El Escorial (Madrid) y hoy quienes controlan ese negocio ya mueven mas de trescientos millones, además de poseer tierras e inmuebles.

Moisés encontraba fuentes en el desierto que servían para apagar la sed de su pueblo. Siglos después, se han especializado en encontrar otros tipos de fuentes que manan dinero. Es conveniente, además, plantearse que el Hijo curaría altruistamente. Sin embargo, como ya he dicho, la Revelación aclara que ni Jesús ni sus apóstoles trabajaban. Repito, ¿de qué vivían, pues? La única respuesta posible es que recibían donaciones.

¿Acaso el Hijo recibiría regalos a cambio de milagros? Resulta esclarecedor el hecho de que se escribiera que Jesús enseñaba a sus apóstoles las técnicas curativas; así pudieron recorrer países evangelizando y curando, manteniéndose sin un trabajo remunerado. Pero, es más, también curaban para poder ganar adeptos a su causa; con sus milagros conseguían que numerosas personas se hicieran seguidores suyos. Es decir, curaban a cambio de ser mantenidos y de ampliar seguidores que pudieran aportar, a su vez, nuevos bienes a la causa. Sin embargo, resulta evidente que esa nunca pudo haber sido una actitud encabezada por el Hijo, sino que es muy probable se debiera a la mentalidad mercantilista de Pablo.

Utilizaban el mismo procedimiento que habían usado hasta entonces, y continúan hoy en día utilizando chamanes, curanderos, sanadores, brujos, echadores de cartas, adivinos, videntes y sacerdotes: ¡Vivir del mal ajeno! Allí tenían ante sus ojos el ejemplo a seguir de los sacerdotes del Templo, que vivían en la opulencia, de una parte, gracias a la ingente cantidad de animales que recibían para los rituales a Yahvé y, de otra parte, el dinero contante y sonante que los incautos fieles les entregaban para el mantenimiento de las instalaciones. Aunque parezca increíble, así era: Yahvé recibía carne y cash a cambio de la reducción de las penas en el más allá. No obstante, pese a ese disparate mayúsculo, hay creyentes que todavía asimilan a Yahvé con Dios y a Jesús, que adoraba a Yahvé, lo asocian a la figura del Hijo.

Pues bien, Pablo no desaprovechó la oportunidad y ordenó que se escribiera su verdad, que Jesús y los apóstoles vivían de los males ajenos, de las penas de las almas y de los sufrimientos de los cuerpos. Una vez que iniciaron juntos la andadura, no tuvieron otra actividad remunerada que ir, de aquí para allá, expulsando demonios y sanando infecciones.

Durante demasiados siglos al Iglesia Verdadera persiguió a muerte a quienes osaban hacerle la competencia en la curación de los males del cuerpo. La Ciencia, que era vilipendiada, con el paso del tiempo y gracias a los avances indiscutibles fue imponiéndose a las tesis eclesiales. Aunque, lo que la Iglesia Verdadera siempre ha mantenido en su poder es el otro método de ingresar dinero, la curación de las penas del alma, y seguirá manteniéndolo porque la Ciencia nunca se entromete en las elucubraciones de los visionarios.

Capítulo 8. LA REDENCIÓN

Mucho se ha reprochado la excesiva demora en llevar a cabo la imprescindible Redención y, más todavía, se ha censurado el escaso éxito obtenido por culpa del método empleado.

Catecismo 601.

Este designio divino de salvación a través de la muerte del "Siervo, el Justo" había sido anunciado antes en la Escritura como un misterio de redención universal, es decir, de rescate que libera a los hombres de la esclavitud del pecado.

Entiendo que este asunto debería haber sido de la mayor importancia para la Trinidad, sin embargo, poco interés se tomaron. Las mismas Tres-Personas-en-Una que revelaron que el pecado era como la esclavitud de la humanidad, son las que decidieron esperar varios milenios, según la Biblia, para solucionar el problema. Esto es un misterio insondable para las mentes humanas, pues lo razonable y misericordioso es acudir inmediatamente a socorrer al necesitado, no obstante, según el Catecismo, la Trinidad, aun siendo infinitamente misericordiosa, se retrasó en exceso.

Además, el misterio se agranda cuando se evidencia en la propia Biblia que ese rescate se circunscribió a un pequeño pueblo, pues nunca se refirió Jesús a la salvación del mundo entero, sino solo a la liberación de Israel. Y todavía es más misterioso que esa salvación tuviera que ver exclusivamente con el yugo romano y no al pecado. Jamás se refirió, el Hijo encarnado, a la salvación de los egipcios, griegos o romanos, por ejemplo.

Cuentan que Yahvé fue tan bondadoso, para sentirse recompensado, que sometió al Hijo al sacrificio; pero me pregunto si no habría demostrado más bondad perdonando sin recibir nada a cambio. El método utilizado para auto satisfacerse fue poco generoso, pues decidió enviar al sacrificio al Hijo por una falta que no había cometido. Eso no lo haría un padre normal, mucho menos siendo omnipotente, pues podría haber ideado cualquier otra fórmula más misericordiosa para calmar su deseo irrefrenable de justa venganza.

Catecismo 603.

Dios no perdonó ni a su propio Hijo, antes bien le entregó por todos nosotros" para que fuéramos "reconciliados con Dios por la muerte de su Hijo.

Si habíamos acordado que Yahvé era infinitamente misericordioso, ¿cómo aceptar que no perdonara ni a su propio Hijo? Para la mentalidad de la Iglesia Verdadera, esa es la mejor forma de demostrar una misericordia infinita. ¡Menos mal! Porque, cómo sería la reacción de Yahvé si su bondad fuera normalita.

Catecismo 599.

La muerte violenta de Jesús no fue fruto del azar en una desgraciada constelación de circunstancias. Pertenece al misterio del designio de Dios, como lo explica san Pedro a los judíos de Jerusalén ya en su primer discurso de Pentecostés: "Fue entregado según el determinado designio y previo conocimiento de Dios"

Catecismo 609.

Tanto en el sufrimiento como en la muerte, su humanidad se hizo el instrumento libre y perfecto de su amor divino que quiere la salvación de los hombres

Catecismo 613.

La muerte de Cristo es a la vez el sacrificio pascual que lleva a cabo la redención definitiva de los hombres.

Aquellos autores tenían incrustadas en sus neuronas la creencia pagana de que el perdón de los dioses solo se lograba entregando al sacrificio a sus hijos unigénitos. Al contrario debería sucederle a los cristianos, que sabrían a ciencia cierta que Dios nunca exigiría la inmolación de nada ni nadie a cambio de otorgar su infinito perdón. Dios sería infinitamente magnánimo en su clemencia.

Clemente de Alejandría se obstinaba en subrayar la importancia pedagógica del castigo:

Es un instrumento educativo del Dios amoroso destinado a tener continuidad incluso en la otra vida.

Creo que hay que tener una forma de pensar muy herética para atreverse a afirmar que Dios utilizaría el castigo como herramienta didáctica.

El Beso que Judas no dio

JUAN 18,3. Entonces Judas, al frente de un destacamento de soldados y de los guardias designados por los sumos sacerdotes y los fariseos, llegó allí con faroles, antorchas y armas. Jesús, sabiendo todo lo que le iba a suceder, se adelantó y les preguntó: ¿A quién buscan? A Jesús, el Nazareno. Él les dijo: Soy yo.

Leo el evangelio firmado con el seudónimo de Juan y hecho en falta ese famoso beso de Judas a Jesús como señal para que fuese apresado. Es imposible no haber oído más de mil veces lo del ósculo de Judas, no obstante, para este evangelista, Jesús se identificó a sí mismo, por lo que no fue necesario tal beso.

Autoinmolación

Las etapas del proyecto divino se iban cumpliendo con exactitud. Después de varios milenios durante los cuales la humanidad moría en pecado, debido a aquella execrable herencia original, y sin ser debidamente evangelizada en la verdad absoluta, llegó el momento preciso de acabar con aquel estado de cosas. Yahvé, tal como estaba previsto, se había llenado de justa ira y de un más justo aún deseo de venganza por la actitud de los ángeles rebeldes y los pecados de la humanidad. Fue entonces, y no mucho antes como nos parece lógico a los humanos, cuando consideró oportuno que había llegado la hora de auto satisfacerse. Comenzó, así, la fase proyectada de auto inmolación.

He de reconocer que esta actitud me sorprendió cuando la leí, será porque los humanos no estamos concienciados, salvo algunos dementes, para hacer inmolar a nuestros hijos con el fin de auto complacernos; tampoco tenemos el poder de desdoblarnos en varias personas. Y así fue como la Trinidad, representada por la Segunda Persona y bajo apariencia humana, descendió a la tierra para auto sacrificarse. Con ese proceder, se auto vengaron y quedaron auto complacidos eternamente las Tres-Personas-en-Una. En su proyecto, trazaron la trama perfecta.

Y Dijeron: Nosotros, como Primera Persona, crearemos las almas y, a continuación, las mancharemos con el Pecado Original, y Nosotros, como Segunda Persona, nos sacrificaremos y las limpiaremos.

Y diseñaron que el hombre pecaría y que Hijo encarnado sería crucificado.

Y les pareció bien.

¡Fue genial!

Delito de sedición

Leído lo que cuentan, reconozco que a la Segunda Persona le tocó bailar con la más fea. La Primera Persona ejercía el ordeno y mando, la Tercera Persona inyectaba vida espiritual y material, pero la Segunda Persona tenía que representar la parte menos apetecible del Plan. Y el colmo debió ser cuando tuvo que dejarse humillar y crucificar; además, al Hijo le había tocado interpretar el rol de la incompetencia que, como ya hemos visto, interpretó con la maestría que se le suponía.

JUAN 18,37. Pilato le dijo: ¿Entonces tú eres rey? Jesús respondió: Tú lo dices, yo soy rey.

JUAN 19,12. Desde ese momento, Pilato trataba de ponerlo en libertad. Pero los judíos gritaban: Si lo sueltas, no eres amigo del César, porque el que se hace rey se opone al César.

El Cristianismo siempre se ha empeñado en hacer ver que la causa de la sentencia a ser crucificado se debió a que él mismo se consideró el Mesías, pero la realidad está clara en este evangelio. Él dijo que era rey, y "el que se hace rey se opone al César". Siempre se han de tener en cuenta los convulsos que eran aquellos días en esa colonia del Imperio Romano, con numerosas sectas de violentos y terroristas atentando contra el estado invasor. Por eso cualquiera que se proclamara rey era considerado un sedicioso. Esto se sabe gracias a Flavio Josefo, que en su obra Antigüedades Judías presenta un agitado panorama social y político en aquel Israel ocupado por los romanos.

MATEO 27,37. Colocaron sobre su cabeza una inscripción con el motivo de su condena: <Este es Jesús, el rey de los judíos>.

MARCOS 15,26. La inscripción que indicaba la causa de su condena decía: <El rey de los judíos>.

JUAN 19,19. Pilato redactó una inscripción que decía: <Jesús Nazareno, rey de los judíos>. Y la hizo poner sobre la cruz.

Por todo ello, y para que, conforme a lo previsto, los romanos lo condenaran a morir crucificado, era necesario que fuera acusado del delito de sedición contra el Imperio. Para ello, las Tres-Personas-en-Una, idearon que él mismo se auto denominara Rey de Israel, lo cual suponía, por un lado, rebajarlo a una categoría impropia de su rango, pues, en realidad, debería haberse autoproclamado, alto y claro, que era el Rey del Universo -a riesgo de haber sido internado en un manicomio-, y no un simple reyezuelo de un diminuto país; aunque, por otro lado, era el modo infalible de ser condenado por atentar contra el estado romano.

El autor del evangelio de Juan es el más sincero a la hora de testificar los motivos de la condena, pues destaca con claridad el significado de la archi conocida inscripción INRI, IESVS NAZARENVS REX IVDAEORVM, es decir, fue condenado por dos delitos: Pertenecer a la secta de los nazarenos y proclamarse rey. Aunque, con el fin de identificar con claridad al condenado, los romanos colgaban del patíbulo un letrero con el nombre completo del ajusticiado además de los delitos por los que moría; por eso, opino que Pilato debió haber ordenado colocar los datos completos:

JESVS BEN JOSEFET

NAZARENVS ET REX IVDAEOVRUM.

Ya dije que el Hijo bien podía haber iniciado la evangelización justo al alcanzar la mayoría de edad de entonces, pues con 15 años, y siendo quien dicen que era, ya debía estar extraordinariamente preparado para emprender esa labor. Con tantos años por delante es seguro que habría recorrido los continentes convenciendo a las gentes con su poder de persuasión, y ello sin necesidad de recurrir a artimañas ni al auto bombo; solamente utilizando su infinita inteligencia le hubiera bastado para convencer a todo el mundo. Pero las Tres-Personas-en-Una habían decidido la crucifixión y así tuvo que ser.

JUAN 18,4. Jesús, que sabía todo lo que le iba a suceder...

Se sabe que el Hijo encarnado, poco antes de su apresamiento, había ordenado a sus discípulos la compra de armas, lo cual debería ser contradictorio por estas dos razones: Primera, porque desbarataría la idea de que Jesús solo buscaba la paz. Segunda, porque, si conocía lo que iba a suceder sin nada ni nadie que lo remediase, ya que era un asunto crucial en el Proyecto, debería haber considerado inútil la tenencia de espadas.

No obstante, es posible que el interés demostrado por el personaje Jesús por armar a sus hombres se debiera a estos otros motivos: Que en ciertos momentos se resistiera a continuar con el Plan trazado, lo cual supondría una insurrección contra Yahvé. O, tal vez, que el evangelista nos mintiera y la realidad era que Jesús no tenía idea de lo que se había proyectado.

JUAN 18,12. El destacamento de soldados, con el tribuno y los guardias judíos, se apoderó de Jesús y lo ataron.

Otra incoherencia evangélica. Creo que es un dogma de fe, o debe andar muy cerca de serlo, la idea de que Jesús era el hombre más pacífico que jamás haya existido, lo cual era, ya entonces, de dominio público, eso es lo que han contado. Pues bien, para apresar a un único cordero predispuesto a ser inmolado, resulta que se movilizó a un destacamento de soldados y a una patrulla de la guardia del Templo. ¿Por qué fue necesaria tanta tropa?

Salvo que el evangelista se excediera, la única respuesta que encuentro plausible es que quienes iban a apresar a Jesús conocieran la índole de sus correligionarios, nazarenos, zelotes y sicarios, todos ellos grupos armados sediciosos.

Y el Hijo murió

Me resulta sorprendente que a ciertos humanos se les haya podido ocurrir la idea de que cualquiera de los componentes de la Trinidad pudiera morir. Es imposible que las Tres-Personas-en-Una puedan estar muertas, ni juntas ni por separado, ni siquiera durante una fracción de segundo. Y creo que es justo reconocer que resulta confuso y contradictorio afirmar, a la vez, que Yahvé es inmortal y que el Hijo encarnado expiró, pese a ser de la misma naturaleza que el Padre. ¿Por qué? Porque un instante después de la muerte comienza la destrucción de la materia orgánica, y la Trinidad no puede destruirse, ni aún materializada, ya que es absolutamente pura y perfecta –que conste que todo esto lo certifican los sabios que han comprobado las cualidades de las Tres-Personas-en-Una-. Y si se argumentara que el Hijo fue eximido de la putrefacción, habría que asumir, entonces, que aquello no fue una muerte real, cosa que se acercaría más a una historia ligeramente creíble.

Me imagino que, tal como se había ideado en el principio de los tiempos, el Hijo fingiría una muerte material. Aquella escenificación no necesitaba ensayarse pues la Trinidad tenía poder para hacer creer cualquier cosa sin mayor problema.

Pero, aún hay más. ¿Por qué Yahvé ideó que el género humano pasara por el trance ineludible de la muerte?: Porque así la humanidad se acostumbraría a aceptar cualquier muerte como algo natural. ¿Se imaginan que no existiera la muerte? A parte de otras consideraciones, la más importante es que el Hijo no habría podido resucitar, ni por sí mismo ni por el poder de Yahvé, ni tampoco obrar los milagros de resucitar a otros muertos. Y esos milagros eran necesarios para intentar demostrar quién era.

MARCOS 15,33. Al mediodía, se oscureció toda la tierra hasta las tres de la tarde; y a esa hora, Jesús exclamó en alta voz: Eloi, Eloi, lamá sabactani, que significa: Dios mío, Dios mío, ¿por qué me has abandonado?... Entonces Jesús, dando un grito, expiró.

Este es otro versículo que encuentro incongruente. Me explico: Si la Trinidad Santa la forman Tres-Personas-en-Una de forma indisoluble y consustancial, considero una contradicción escribir que la Segunda Persona se quejaba de haber sido abandonada por la Primera pues, según el dogma de fe, eso sería imposible. Una explicación a esta aparente herejía bíblica estaría en el hecho de que, cuando se escribió este evangelio, la Iglesia Verdadera todavía no había conseguido que un emperador romano y pagano impusiera por decreto la verdad respecto a la consustancia entre Yahvé, dios padre y señor nuestro, y el Hijo, nuestro señor Jesucristo.

Una muerte dolorosa

Los creyentes se sienten reconfortados, y hasta en cierto modo entusiasmados, cuando imaginan el sufrimiento que soportó el Hijo con el fin de redimir a la humanidad del castigo del Padre. Es cierto que morir crucificado debe suponer un gran malestar, sobre todo porque la agonía asfixiante es muy lenta. Pero respecto a las muertes dolorosas existen otras para establecer comparativos.

Por ejemplo, ¿qué es peor, morir crucificado o quemado? ¿Quién sufrió más, Jesús crucificado o los desgraciados achicharrados en las hogueras avivadas por la Santa Inquisición tras un tormento atroz? Parecía que el deseo de vengar la muerte de Jesús, por parte de la Iglesia <Verdadera>, contra los pecadores no tenía límites. Era como situar al infiel en la antesala del Infierno, una experiencia más corta pero que quemaba de verdad.

¿Qué martirio es más doloroso, la flagelación o el potro descoyuntador utilizado profusamente por la Santa Inquisición? Lo que cuentan, respecto a los sufrimientos de Jesús, da escalofríos, pero en aquellos tiempos todavía no habían nacido las mentes cristianas que diseñaron estos otros tormentos inigualables: La Sierra, utilizada para aserrar al hereje en dos mitades, quien, cabeza abajo y sujeto por los pies, seguía oxigenando su cerebro y reducía la pérdida de sangre con lo que la agonía se prolongaba. O la Pera Bucal, Anal o Vaginal. O la rueda que despedazaba a la víctima. O la cuna de Judas o el desgarrador de senos, etc. Estos criminales instrumentos de tortura fueron ideados por católicos, y cristianos en general, con el fin de que los infieles sufrieran mucho más de lo que dicen que sufrió Jesús.

Pero según contaron, quienes dijeron haber sido testigos de los hechos, Jesús, en su recorrido por Israel, era el paliativo perfecto para toda clase de dolencias de quienes se le acercaban. Pues bien, siendo así, y en lógica correspondencia, él debería haber sabido aliviar sus propios dolores por sí mismo. Otro asunto sería el tratar de averiguar por qué dicen que no lo hizo.

Flavio Josefo

Con el fin de certificar la autenticidad del personaje Jesús, la Iglesia Verdadera suele recurrir a los escritos de Flavio Josefo, donde describe la situación del pueblo judío en continua sublevación contra la opresión de Roma. En su obra Antigüedades Judías se encuentra la alusión más antigua y no cristiana sobre el personaje Jesús. Aunque la autenticidad de este pasaje es cuestionada, pues se sospecha de una manipulación del texto obra de gente interesada en defender su veracidad.

Pues bien, a esos que consideran como un acta notarial las palabras del testimonio flaviano certificando la autenticidad de Jesús, les pueden resultar de gran ayuda para comprender la trama urdida estas otras palabras del propio Flavio Josefo que, en la autobiografía de su vida, escribe lo siguiente:

75/ (420) Cuando fui enviado por Tito con Cerealio y mil hombres de a caballo, a una aldea llamada Tecoa, para ver si servía como campamento, al regresar vi muchos cautivos crucificados, entre ellos tres que recordé como antiguos conocidos. Dolorido y con lágrimas en los ojos fui a decírselo a Tito. (421) Inmediatamente ordenó que fueran descendidos y los atendieran con gran cuidado para hacerlos recobrarse. Pero dos de ellos murieron cuando estaban en manos de los médicos; el tercero se recuperó.

Este afamado historiador judío dio fe de que, al menos, la tercera parte de los crucificados pueden salvarse de la muerte sin son rescatados a tiempo. Se da por supuesto que esta estadística variará en función del tiempo de permanencia colgado en el patíbulo.

Los crucificados soportaban varios días agonizando hasta ser rescatados por la muerte. Pero La Revelación certifica que Jesús estuvo colgado solo unas pocas horas, probablemente no más de seis, ya que en vista de que atardecía y comenzaba el sábado se hacía perentorio el descendimiento de los crucificados..

El cadáver

Como decía, la muerte por crucifixión llegaba tras varios días de agonía, por eso cuando se acercaba la fiesta del sábado se quebraban las piernas de los ajusticiados con el fin de acelerar el proceso.

Y ahora veamos qué pudo ocurrir con Jesús.

JUAN 19,12. Desde entonces, Pilato buscaba liberarle.

MARCOS 15,43. José de Arimatea, miembro noble del concilio, que también esperaba el reino de Dios, vino y entró osadamente a Pilato, y pidió el cuerpo de Jesús. Pilato se sorprendió de que ya hubiese muerto; y haciendo venir al centurión, le preguntó si ya estaba muerto. E informado por el centurión, dio el cuerpo a José.

Era lógico que el procurador mostrara extrañeza al ser informado de que Jesús había fallecido tan pronto.

Es de suponer, por sus cargos, que José de Arimatea era rico –Jesús tenía la sana costumbre de codearse con gente adinerada, afín a la categoría de sus padres-. Pues bien, ¿qué es lo que yo hubiera hecho, en su lugar, para rescatar a un amigo crucificado?

Al pelotón que custodiaba a los crucificados lo recompensaría con 10.000 euros (o 20.000 o 30.000, qué más da, me sobra el dinero) bajo la condición de no quebrarle las piernas a mi buen amigo. Estoy seguro de que siempre llegaría a un acuerdo económico con la soldadesca. Y al centurión al mando de la unidad militar encargada de estos quehaceres le haría una donación de 50.000 euros (o 100.000, es igual la cantidad, soy rico), a cambio de certificar ante Pilato la muerte acelerada de mi amigo.

Además, contaba con el poco interés que Pilato mostraba hacia la condena de Jesús.

JUAN 19,39. Fue también Nicodemo, el mismo que anteriormente había ido a verlo de noche, y trajo una mezcla de mirra y aloe, que pesaba unos treinta kilos.

Previamente, le habría encargado a otro amigo de confianza, Nicodemo, para que comprara abundantes productos regeneradores. El evangelio habla de aloe y mirra en cantidad. ¡Treinta kilos!

Aloe: Es un nutriente natural, mineral y vitamínico, sus aminoácidos y enzimas estimulan la reproducción de nuevas células, por lo que es un excelente regenerador celular, cicatrizante, tonificador de la piel. Es antiséptico, bactericida, anti inflamatorio y regenerador de la piel. Aplicándolo sobre las heridas, forma una capa que impide el paso de gérmenes.

Mirra: Es tónica, estimulante y antiespasmódica. Reduce las lesiones de la piel y la infección de las mucosas, además fortalece los pulmones. Es antiséptica y anti microbiana. Es decir, aplicada sobre la piel ayuda a curar y desinfectar heridas.

Después de leer estas propiedades, cualquier lector bienintencionado se pregunta: ¿Para qué necesitaría un cadáver, bien muerto, treinta kilos de sustancias tonificantes, nutrientes, vitamínicas, cicatrizantes, antisépticas y bactericidas? La respuesta, a continuación.

Dado que mi amigo había estado atado en la cruz poco más de tres horas es muy probable que pudiera recuperarlo en poco tiempo aplicándole gran cantidad de sustancias revitalizadoras. Téngase en cuenta, como ya dije, que la muerte de un crucificado sobreviene tras varios días de agonía; además, ha sido revelado que los ladrones crucificados junto a Jesús todavía estaban vivos. Es decir, sería fácil prepararlo para una huída, ya que solo había que curarle las heridas.

Después, trasladaría a mi amigo a un sepulcro amplio y acondicionado. Cerraría la entrada para evitar las miradas indiscretas y procedería, en compañía de mis ayudantes, a curarle las heridas y a reanimarlo. Una vez recuperado llevaría a mi amigo lejos de las autoridades que lo habían condenado, pues es seguro que, al comprobar su huida, lo volverían a detener y crucificar y, esta vez, sin posibilidad de escape. Aprovechando la jornada festiva del sábado, con los caminos libres de viandantes y amparándome en la noche y en la ausencia de guardias, sacaría a mi amigo del sepulcro y lo llevaría lejos de Jerusalén, en principio a Galilea, rodeado de su ambiente familiar. Si los romanos le siguieran la pista, posiblemente establecería, de acuerdo con él, un plan de evacuación más seguro a largo plazo, por ejemplo, a la India, a la región de Cachemira o, quizás, a las costas del sur de Francia.

Pero, al parecer, la gente del pueblo contempló la huída del sepulcro y la noticia se extendió rápidamente. Esto era un inconveniente que afectaba a la fe de los creyentes, por lo que hubo que contrarrestar con unos versículos justificativos, que solo Mateo tuvo la perspicacia de citarlo.

Mateo 28,11. Mientras ellas se alejaban, algunos guardias fueron a la ciudad para contar a los sumos sacerdotes todo lo que había sucedido Estos se reunieron con los ancianos y, de común acuerdo, dieron a los soldados una gran cantidad de dinero con esta consigna: «Digan así: «Sus discípulos vinieron durante la noche y robaron su cuerpo, mientras dormíamos» Si el asunto llega a oídos del gobernador, nosotros nos encargaremos de apaciguarlo y de evitarles a ustedes cualquier contratiempo» Ellos recibieron el dinero y cumplieron la consigna. Esta versión se ha difundido entre los judíos hasta el día de hoy.

Así se pretendía difamar la noticia que todo el pueblo conocía.

La tumba

Pensemos en una familia corriente de un pueblo de unos 60.000 habitantes, Sus componentes tienen nombres bastante comunes: Manuel, Marta, Pedro, Luisa, Antonio, etc. Esta gente, como la mayoría de las gentes del pueblo, tiene la costumbre de depositar en un osario los huesos de sus difuntos, identificando cada uno con la inscripción de los nombres respectivos.

Imaginemos que han transcurrido dos mil años y que alguien decide exhumar aquellos osarios para averiguar las familias que vivieron allí en la antigüedad. A leer los nombres tan comunes, en principio, se desanima pues considera imposible identificar la familia a la que pertenecían aquellos restos. Sin embargo, reflexionando, llega a la conclusión de que aplicando el cálculo de probabilidades puede identificar el clan de aquellos restos.

Por ejemplo. ¿Cuántos Manuel habría en aquel tiempo y en ese pueblo?: Uno de cada veinte vecinos, es decir 3.000. ¿Cuántas Marta?: ¿Una de 80, o sea 750? ¿Cuántos Pedro?: Uno de 30 (= 2.000) ¿Cuántas Luisa?: Una de 40 (= 1.500). ¿Cuántos Antonio?: Uno de 10 (= 6.000).

Ahora bien, ¿Cuál era la probabilidad de que un Manuel, una Marta, un Pedro, una Luisa y un Antonio convivieran en la misma unidad familiar:

(1 de 20) x (1 de 80) x (1 de 30) x (1 de 40) x (1 de 10) =

= 20 x 80 x 30 x 40 x 10 = 19.200.000

Es decir, una probabilidad entre más de diecinueve millones. Para mayor seguridad, eliminando posibles errores, se puede dividir por cuatro esta cantidad, lo que arroja la cifra de 4.800.000. El dato es contundente: se necesitarían casi cinco millones de vecinos para encontrar una familia con esos cinco nombres... ¡Y aquel pueblo tenía solo sesenta mil! La conclusión es que sería prácticamente imposible que hubiera dos familias con idénticos cinco nombres.

Bien, pues resulta que en unas excavaciones junto a Jerusalén se encontraron tumbas con osarios de dos mil años de antigüedad. En una de ellas aparecieron restos con las siguientes inscripciones:

JESUA BAR JOSEFET (Jesús hijo de José) – MARÍA - MARIAMNE MARA (María de Magdala, la maestra) – MATEO (Mateo aparece en una de las genealogías de Jesús citadas en los evangelios) – JOSA (Diminutivo de Josefet. En el evangelio de Marcos aparece un hermano de Jesús con este nombre)).

Estos osarios se conservan en un museo de Jerusalén. Resulta evidente que los huesos de Jesús se hallaron en uno de aquellos osarios de la tumba familiar.

La Resurrección

Lo más raro que he oído de toda esta historia tiene que ver con la resurrección del cadáver. El personaje Jesús pasó su vida haciendo alardes de su divinidad con la intención de atraer a su redil al cien por cien de la población mundial, qué menos se le podía pedir al Hijo. Sin embargo, cuando tuvo la oportunidad de conseguir el éxito absoluto en tan solo unas horas, resulta que se acobardó. Me refiero al suceso extraordinario y exclusivo de la resurrección que, según cuentan, tuvo lugar a hurtadillas de todo el mundo. Esto es algo increíble.

Capítulo 9. DOCTRINA POCO CRISTIANA

Yahvé, en su Proyecto, había previsto que muchos pueblos paganos, antes de la llegada del Hijo, ya harían morir a sus dioses, incluso llegarían a resucitarlos. En verdad que esa fue una hábil estratagema con la que consiguió que la humanidad estuviera receptiva a lo que iba a acontecer siglos después.

Alguien se preguntará ¿qué poder se atribuían esos humanos para permitirse sacrificar a sus dioses? Y la respuesta es que no existe tal poder, sino que se trata del mero desarrollo del Plan de Yahvé, que ya contemplaba que los sacerdotes, desde siempre, aprovecharían tal circunstancia para usurpar el poder divino, aunque fuese solo aparentemente, intentando así detentar la exclusividad del oráculo y manejar a su antojo la imposición de nuevas leyes que favorecían únicamente a ellos.

Los autores consiguieron, gracias a Yahvé, incrustar en la mente de los judíos un modelo de divinidad acorde con el Proyecto: Conformar una entidad con el poder terrorífico suficiente como para mantener sometido al pueblo y aunarlo en la lucha de la conquista de tierras ajenas.

Asimismo, la Trinidad también había planeado la incorporación al Proyecto de un turco, conocido como Pablo, que recibiría la visión de crear otra divinidad acorde con su personalidad humana; aunque lo más característico de esa nueva deidad sería un comportamiento diametralmente opuesto al modelo antiguo. Si aquel era belicoso, vengativo, inmisericorde..., el nuevo prototipo debería ser pacífico, generoso, misericordioso... A partir de ese momento, todo lo que Pablo diría sería creído con mucha fe, pues quien no se creyera lo que contara, ya se sabe, tendría infierno para toda la eternidad: O estás conmigo o estás contra mí... esa es la máxima. Aquí no valen medias tintas.

La Iglesia Verdadera heredó una mentalidad tan retorcida que predica que quien no cree en Yahvé, dios padre y señor nuestro, es probable que sea un depravado, borracho, juerguista, ladrón, asesino... cosa que deduce porque el ateo no teme a las penas eternas del infierno.

Y esas ideas, puesto que habían sido diseñadas nada menos que por la Tres-Personas-en-Una, tuvieron el éxito esperado y, así, Pablo consiguió su objetivo.

Habrá gente a la que le resulte sospechoso que un judío turco consiguiera, en pocos años, eclipsar a los apóstoles y discípulos que, según se cuenta, convivieron a diario con el Hijo encarnado. Pero los logros de Pablo, tal como estaba previsto, fueron a más y continuaron por los siglos. Una de las ideas más sorprendentes del Proyecto es que se consiguiera sustituir, prácticamente, la figura de la Primera Persona, Yahvé, en principio venerada por todo el pueblo elegido, por la segunda Persona, el Hijo venerado por unos cuantos.

A partir de estos pasajes iban a desarrollarse los sucesos definitivos que llevarían a feliz término todo lo ideado y diseñado por la Trinidad en el principio de los tiempos.

Universal

Catecismo 848.

Aunque Yahvé, por caminos conocidos solo por Él, puede llevar a la fe -'sin la que es imposible agradarle' (Hb 11, 6)-, a los hombres que ignoran el Evangelio sin culpa propia, corresponde, sin embargo, a la Iglesia la necesidad y, al mismo tiempo, el derecho sagrado de evangelizar" (AG 7).

Dicen que su religión era universal; sin embargo, ante esa contundente amplitud, cabe preguntar: ¿Cuál es la base que ampara esa afirmación tan categórica? Se da por sabido que el Hijo tenía el interés y el poder necesarios para hacer que su doctrina fuera universal desde el primer instante. Pero lo cierto es que el Plan Divino ya contemplaba inspirar la idea de que el Hijo, al igual que el Padre, no demostraría en primera persona esa intención de extender su doctrina a todo el orbe. Según consta en la propia Palabra, Yahvé se limitó a elegir a un pequeño pueblo, al que apoyó en detrimento del resto de naciones vecinas; en ningún pasaje bíblico se demuestra el más mínimo interés en que sus preceptos se difundieran a todas las naciones.

Lógicamente, la actitud del Hijo no debía ser muy diferente. Dicen que tenía poder y conocimientos suficientes para hacerlo, sin embargo, está escrito que, de sus treinta y tantos años, solo empleó tres, o menos, en moverse por un territorio muy limitado, mientras que durante el resto de su vida terrenal estuvo oculto a sabiendas de los graves problemas de la humanidad. Además, como ya dije, siempre pudo haber diseñado -cuentan que tenía poder para ello- una permanencia más prolongada entre sus amados y disponer, así, de más tiempo para solucionar las miserias humanas.

Dicen que Jesús, gracias al saber y al poder que le confería el hecho de ser el Hijo, curaba a ciertos enfermos; pero, ¿por qué sanó a unos y a otros no? Quienes escribieron sobre esos milagros selectivos, es posible que por haber trascrito erróneamente la inspiración recibida —no encuentro otra explicación-, colocaron al Hijo en una situación delicada, pues lo presentaron con un corazón no tan bueno como pretendían demostrar, ya que cuentan que solo sanaba a quienes confiaban en él, o a los que conseguían acercarse o tenían la suerte de vivir en el lugar en que él predicaba. Mientras que a los demás, a quienes nunca habían oído hablar de él o vivían en lugares lejanos, incluso a los que no creían en su palabra, los ignoró. Si es cierto que tenía esos poderes, esa no fue una actitud absolutamente caritativa para con toda la humanidad, sino que se vislumbra un cierto desprecio en unos casos y, en otros, una venganza contra los no creyentes, paganos, infieles... o, simplemente, ignorantes; es decir una actitud opuesta al amor desinteresado hacia el prójimo que pregona el Cristianismo.

Obras de misericordia

Enseñar al que no sabe

Dar buen consejo a quien te lo pide

Dar de comer al hambriento

Dar de beber al sediento

Vestir al desnudo

Visitar al enfermo

Sepultar a los que mueren...

MATEO 8,21. Otro de sus discípulos le dijo: Señor, permíteme que vaya primero y entierre a mi padre. Jesús le dijo: Sígueme; deja que los muertos entierren a sus muertos.

Todo cristiano que se precie está obligado a llevar a cabo esas obras de misericordia, siempre dentro de sus posibilidades; aunque el cristiano con verdadera convicción siente el deseo de excederse en esas posibilidades.

¿Tenía el Hijo poder para realizar obras de misericordia? Por supuesto que sí, es lo que dicen los entendidos. Él disponía del poder absoluto para hacer cuanto deseara. Además, nunca se ha de olvidar lo que cuentan del Hijo que, como Segunda Persona, antes de encarnarse y gracias a su omnisciencia, conocía todas las cosas del pasado, del presente y del futuro con un conocimiento exacto. Además, si él colaboró en el diseño y creación de este mundo, sería de fe creer que lo conocería en todos sus detalles, y ese conocimiento no se limitaría solo a los hechos visibles, sino, también, a todo lo oculto e invisible. Y esta es la consoladora conclusión del creyente: Si él conoce todo lo habido y por haber, debe saber todo lo que me concierne, lo cual me llena de satisfacción; pues si él ya está enterado de mis problemas y necesidades, estoy convencido de que, gracias a su amor infinito, me socorrerá cuando él lo juzgue oportuno y sin necesidad de que se lo pida... así obran los buenos padres con sus hijos.

Aceptada esa creencia, se estará en disposición de analizar si el comportamiento del Hijo, durante su estancia en la Tierra, fue acorde con lo que predica el Cristianismo. Lo cierto es que, desde la perspectiva de la Revelación, se presenta a un Jesús muy diferente a lo que pretendían, ya que aparece como un iluminado indiferente a las penalidades de todo lo que no fuese judío.

Recientemente el Papa Francisco ha asegurado que "es un escándalo que todavía haya hambre y malnutrición en el mundo". Pero la culpa de ese escándalo habrá que achacarla a quines tienen poder para remediar tal calamidad. Siendo así es muy recomendable hacerse esta pregunta: ¿Tenía el Hijo encarnado, Jesús, poder para haber acabado con el hambre en el mundo? Por supuesto que sí, la prueba está en los evangelios, donde se afirma que obró el milagro, exclusivamente divino, de la multiplicación de los panes y los peces. Entonces, si tenía ese poder, ¿por qué se inhibió de hacer la obra de misericordia de dar de comer a todos lo hambrientos y no solo a los que tenía presentes?

¿Por qué Jesús no quiso, no pudo o no supo dar solución a ese escándalo? La respuesta es, como casi siempre, muy sencilla: Pablo, el autor del personaje, no tenía el más mínimo interés en ese asunto.

Amor al prójimo

Reflexionando sobre la labor de un misionero que llega por primera vez a una aldea del tercer mundo para hacerse cargo de la labor evangelizadora de esas pobres gentes, me imagino que, viendo el panorama de desolación, contemplando a esos niños escuálidos con la mirada perdida por el hambre y con el reflejo en sus almas del padecimiento de la pandemia, el misionero establece una escala de prioridades. Las primeras son la alimentación, las enfermedades y las infecciones; después, la agricultura, la ganadería, la alfabetización, etc. Y relega al último lugar la evangelización. ¿Cómo calificar esa actuación? Afirmo, sobrecogido, que está actuando de forma razonable, justa y bondadosa. Está poniendo en práctica las obras de misericordia. Razonando solo un poco, me siento obligado a creer que ese sería el comportamiento del Hijo durante su estancia en la Tierra.

Sin embargo, imagino a otro misionero que, en la misma situación, decidiera que su cometido primordial era enseñar el catecismo a toda costa, empeñando en ello todas sus energías, y se inhibiera de los sufrimientos materiales de los fieles a su cargo, se desentendiera de sus graves problemas: hambres, infecciones, sequías... ¿Cómo calificar esa otra actitud? Aquí soy tajante: su comportamiento me parece irracional, injusto, inicuo en inmoral, es decir: contrario al ideal cristiano.

Pues bien, ésta última fue la actitud que se quiso adjudicar al Hijo. Intentaron hacer creer que él no se preocupó de las miserias humanas del mundo y que se limitó, según han revelado, a amenazar a los pecadores con penas eternas. Pero,

¿por qué ese comportamiento tan alejado de lo que se esperaría del Hijo? La respuesta la encuentro en el carácter de Pablo.

Catecismo 549.

Al liberar a algunos hombres de los males terrenos del hambre, de la injusticia, de la enfermedad y de la muerte, Jesús realizó unos signos mesiánicos; no obstante, no vino para abolir todos los males aquí abajo, sino a liberar a los hombres de la esclavitud más grave, la del pecado, que es el obstáculo en su vocación de hijos de Dios y causa de todas sus servidumbres humanas.

Y para que no haya dudas el Catecismo lo certifica. Existe un interés inusitado en mostrar que Jesús solo liberó a unas pocas criaturas de los males, de la injusticia, de la enfermedad y de la muerte. Sin embargo, es de sobras conocido que el Hijo no habría hecho acepción de personas y se habría interesado en atender a toda la población mundial. Creo que si no hizo más fue porque Pablo no entendía que había que hacer más.

Es bien cierto que eso de que el Hijo vino a liberar a los hombres de la esclavitud más grave, la del pecado, le viene muy bien a los muertos. No hay más que imaginar a Jesús, entre las víctimas causadas por un terremoto devastador, predicando sobre la maravillosa vida que les espera una vez que mueran de hambre y sed. ¿Verdad que esa actitud no encaja con la personalidad que el creyente atribuye al Hijo? Sin embargo, esta es la actitud de Jesús revelada en los evangelios: Fue un individuo que jamás se ocupó de dirigir campañas para paliar el hambre y las enfermedades de los pueblos alejados de Israel.

Esas historias sobre lo que ocurrirá en el más allá, además de ser meras elucubraciones sin evidencias, visiones carentes de unos fundamentos racionales, están fuera de la realidad de los desgraciados que sufren aquí día tras día.

MATEO 7,11. Si vosotros, que sois malos, sabéis dar cosas buenas a vuestros hijos, ¡cuánto más vuestro Padre que está en el cielo dará cosas buenas a aquellos que se las pidan!

Érase una vez unos padres que tenían cuatro hijos. Uno de ellos se pasaba el día haciendo ostentación de amor a sus padres, mientras que los otros tres hermanos eran más introvertidos. Es por eso que aquellos padres se desvivían por ese hijo tan cariñoso, mientras tenían abandonados a sus otros tres hijos, que sufrían con resignación sus penas y sufrimientos sin implorar a sus padres. Mientras que el otro, al más mínimo dolor, se quejaba ostentosamente y era atendido con prontitud.

Esa era la actitud contradictoria adjudicada a Jesús: solo daba cosas buenas a quienes se las pedían... Quieren hacer ver que por los demás no se interesaba. ¿Qué haría El Hijo en favor de la humanidad? Absolutamente todo. ¿Qué hizo Jesús en favor de la humanidad? Prácticamente nada. Dicen que sanó a unos cuantos, pero solo a quienes se acercaban a él. ¿Y al resto de enfermos que estaban en pueblos alejados? Esos desgraciados que no sabían de él o que no tuvieron la oportunidad de presentarse ante él, esos no fueron curados. No fue en busca de los desahuciados, se limitó a velos venir.

Cuentan que hizo milagros multiplicando peces y panes, pero, ahí está el dicho: -No te limites a darme pescado para comer, es mejor para mí que me enseñes a pescar- Esa es la postura inteligente.

No hay más que releer el Nuevo Testamento para comprobar que no hay un solo consejo de Jesús referido a la forma de prevenir y contrarrestar aquellas enfermedades que dicen que él curaba. Combatir esa variedad de afecciones infecciosas, siendo las más comunes: gripe, tuberculosis, viruela, tifus, cólera, peste, paludismo, fiebre amarilla, difteria, sarampión, lepra, malaria..., todas ellas ideadas, diseñadas y creadas por el Padre –o, para los postuladores de las cualidades de la Trinidad Santa, por el propio Hijo- no fue objeto de enseñanza por el que dicen fue el gran amante de la humanidad, ni siquiera se dignó aconsejar una profilaxis eficiente. Seguramente, a lo largo de su exitoso caminar evangelizador, debió encontrarse con miles de infectados, pero no tuvo a bien establecer unas pautas de lucha contra las enfermedades. Se limitó, eso cuentan, a sanar uno aquí y otro allá. ¿Es esa la mejor forma de demostrar amor al prójimo, y sin mirar a quién, por parte de quien dicen que podía y sabía hacerlo?

¿Sabía, por ejemplo, que controlando a las ratas se rebajaría en gran medida las epidemias de tifus y peste? ¿Sabía que si las parteras se lavaban las manos se reducirían las muertes de los neonatos? ¿Sabía que el exceso en la ingesta de sebo de cordero aumenta el riesgo de enfermedades coronarias? ¿Sabía que el abuso de carnes provocaba los ataques de gota? No voy a pedir que enseñara a aquellas gentes a fabricar vacunas o antibióticos, aunque bien pudo haberlo hecho, pero sí creo que se desentendió del sufrimiento ajeno, pues ni siquiera aconsejó sobre remedios caseros y naturales para combatir las enfermedades, que los hay y muy eficaces y que, según dicen, él conocía a la perfección. ¿O es que acaso el Hijo desconocía los orígenes de esas enfermedades, su transmisión, sus causas y sus remedios?

Pues bien, la respuesta a todo ese contrasentido es obvia. El Hijo era omnisciente, es lo que hay que creer, sin embargo, el que no tenía idea de nada era Pablo, que era un completo desconocedor de la ciencia más rudimentaria respecto a la salud de las personas, y esa ignorancia es la que transmitió a su personaje.

Cuando la Trinidad decidió que había llegado el momento en que el Hijo descendiera para redimir a la humanidad, es seguro que él estaría perfectamente enterado de la situación calamitosa de millones de personas repartidas por el mundo. Por lo cual, una auténtica demostración de sublime amor universal hubiera sido decir, por ejemplo: Yo, por el infinito amor que os profeso, con el saber de mi Omnisciencia y el poder de mi Omnipotencia, os aseguro que, a partir de este instante, quedan eliminados todos los virus, bacterias y demás microorganismos que os generan tanto sufrimiento... Y ahora, una vez que os he liberado de las enfermedades, ya puedo hablaros sobre la vida futura.

Eso sí hubiera sido una demostración de auténtico amor a la humanidad.

Catecismo 447.

A lo largo de toda su vida pública sus actos de dominio sobre la naturaleza, sobre las enfermedades, sobre los demonios, sobre la muerte y el pecado, demostraban su soberanía divina.>

El Catecismo es muy cruel con el personaje Jesús. Cuando a la Iglesia Verdadera le interesa encumbrarlo afirma que "con sus actos de dominio sobre la naturaleza demostraba su soberanía divina-. Pero acude a su parte humana para tratar de excusar la incongruencia de su actitud nada cristiana para con el resto del mundo.

¿Acaso no sabía que habrían de pasar diecinueve siglos hasta que la humanidad comenzara a diagnosticar la naturaleza de las infecciones ideadas por el Padre? Cuentan que una ve dijo: -En verdad, en verdad os digo que volveré y entonces...- Mire usted, déjese de futuribles, aproveche la oportunidad de que está aquí y haga algo ya. No deje para otro día –que vaya usted a saber cuándo será- lo que puede hacer hoy... ¡Demuéstrenos ahora su amor infinito!

¿Acaso el Hijo no quería, no sabía o no podía hacerlo? Solo hay dos respuestas para la razón humana:

Posiblemente, quiso enseñar a curar las enfermedades, lo que sucedió es que no sabía cómo hacerlo, o carecía del poder.

Quizá, sabía los remedios para prevenir y combatir los males y podía aplicarlos, pero no quiso hacerlo.

¿Cuál de ambas respuestas es la que puede conducir a La Verdad?

El colmo es llegar a concluir que Jesús, el Hijo encarnado, sabía, podía y quería quitar todos los males a la amada humanidad, pero se vio obligado a abstenerse porque así fue acordado en el principio de los tiempos para que el Proyecto Divino fuera un éxito.

Aquellos incultos creían que todas las calamidades eran castigo de Yahvé, enviadas por él y, consecuentemente, la humanidad pecadora debía asumirlas. Por eso, intentaron inculcar la idea de que el Hijo ni sabía, ni quería, ni podía hacer desaparecer las calamidades humanas... simplemente, porque los autores, llamados sagrados, eran unos ignorantes.

Esto habría sido lógico leer en el Libro: El Hijo, que conocía perfectamente todos los microorganismos, ya que, según cuentan, habían sido creados por la Trinidad, reunía a todos los sabios de las comarcas que visitaba en su peregrinar por los cinco continentes y les enseñaba los remedios naturales y la medicina preventiva necesaria para combatir las enfermedades, diciéndoles que divulgasen esos conocimientos hasta los confines de la tierra, y a partir de entonces la humanidad, que él tanto amaba, comenzó a vivir una vida sana y libre de infecciones... Amén.

Ya he dicho que estoy obligado a creer con fe ciega que el Hijo ayudó al Padre, incluso participó, en el diseño y creación de todas las especies animales. Debo creer, entonces, que asistió a la creación de las 400 especies del mosquito *Anopheles*. Siendo así, he de asumir que entre Padre e Hijo idearon que la décima parte de esas especies de insectos pudieran inocular, con su picadura, cualquiera de las cuatro especies del parásito *Plasmodium*, que previamente habían creado entre ambos. Ante esta maravilla creativa, me pregunto si el Hijo estaba igualmente capacitado para crear el antídoto que contrarresta la terrible Malaria provocada por ese parásito. Y me sigo preguntando: ¿Sabía el Hijo que el *Plasmodium* mataría a un millón de niños al año? ¿Dijo algo al respecto cuando estuvo en la Tierra? ¡Qué iba a decir! Siendo Pablo un completo profano sobre la Malaria, consecuentemente su personaje, Jesús, también sería otro ignorante.

Los milagros eran, y son hoy en día, siempre los mismos: Algunas expulsiones de espíritus malignos, unas cuantas resurrecciones de catalépticos, unos renqueantes que finalmente andan erectos, cegatos que terminan viendo y, en fin, curaciones por el estilo, similares a las que realizan diariamente cientos de curanderos por todo el mundo. La mayoría de ellas, simples curaciones psíquicas de enfermedades que solo están en la mente del enfermo. Pero ningún poder suficiente para, por ejemplo, regenerar un miembro amputado, ni siquiera una falange, o separar a dos hermanos gemelos unidos por el abdomen o la cabeza, o reconstruir el ojo de un tuerto. Cuentan que solía alegar: -Tu fe te ha salvado-. Con esto el evangelista inspirado parecía vislumbrar la causa de muchas curaciones: la enorme fuerza, todavía no suficientemente estudiada, que tiene nuestro cerebro tanto en la aparición de ciertas enfermedades como en la sanación de otras. No obstante, aún admitiendo que él, por sí mismo, no curaba, debería haberse preocupado de divulgar con celeridad por toda la humanidad esa fe sanadora, el no haberlo hecho supone una flagrante evidencia de que hacía acepción de personas.

¿Qué hizo el Hijo cuando vino al mundo? Su prioridad fue hablar a unos pocos sobre las bondades de la vida futura y se desentendió de los problemas terrenales de los demás, nada quiso hacer por remediar las necesidades cotidianas de la humanidad. ¿Qué hizo para combatir las hambrunas? Nada. Ni una sola palabra dedicó a la enseñanza de una agricultura y una ganadería más eficaces, ni a prevenir las sequías y las plagas que asolaban los sembrados. Pese a su amor infinito hacia la humanidad y a sus conocimientos todopoderosos, nada hizo por mejorar las condiciones físicas de vida de aquellas pobres gentes. Y cuentan que decía aquello tan bonito: -Dejad que los niños se acerquen a mí, porque de ellos es el reino de los cielos.- Y él sabía, aseguran que gracias a su omnisciencia, que en numerosos lugares del mundo millones de niños morían de hambre, y con eso daban a entender que esas miserias humanas no le preocupaban.

El solo se dedicó a impartir sus creencias judías en la Ley de Yahvé, circunscribiéndose exclusivamente a Israel, pero no se interesó en ayudar a los del resto del mundo; nunca tuvo la intención de viajar a esos pueblos desamparados para divulgar sus divinos y sabios consejos. ¿Quiso hacerlo, pero no supo o no pudo... o sabía y podía hacerlo, pero no quiso?... Y aquí volvemos a topar con la mentalidad de Pablo, que ni sabía, ni podía, ni quería.

Y el Hijo debería haber empleado su Infinita Sabiduría en recorrer las naciones convenciendo al mundo entero sobre la idoneidad de unas relaciones fraternales entre todos los pueblos. Aunque, por otro lado, es justo reconocer que debió ser decepcionante para él constatar que, pese a su infinito poder de persuasión y a la infinita atracción de su divina palabra, hubo gente instruida que no se creyó lo que contaba... y así le fue. Por eso necesitaba hacer milagros, para ser medianamente creíble, porque solo con su palabra no era capaz de convencer a las minorías poderosas. Quizá aquel fracaso estrepitoso es lo que está motivando su larguísima demora en regresar a la tierra a redimir definitivamente al género humano.

Un razonamiento que, en justicia, deberían plantearse los creyentes es que, si con el comportamiento del Jesús –intentar solucionar el supuesto más allá y desentenderse de la realidad del más acá-, la humanidad ha evolucionado a mejor.

Y las preguntas siguen en el aire. ¿Quiso remediar las penurias de esas aldeas pero no sabía como hacerlo? ¿Sabía cómo aliviar el padecimiento de los pueblos deprimidos pero no quiso hacerlo? Hay una respuesta que no gusta a la Iglesia Verdadera porque derriba todo el andamiaje que la sustenta. Y la respuesta es muy sencilla: Ese comportamiento tan poco cristiano es fruto de la personalidad de Pablo. Toda la culpa es de él, que no estaba concienciado de toda la miseria humana repartida por la tierra, ni interesado en erradicarla. Posteriormente, durante los siguientes siglos, las autoridades de la Iglesia Verdadera tuvieron oportunidad de seguir modelando a su antojo y conveniencia todos y cada uno de los pasajes bíblicos. Pero, como ellos nadaban en la abundancia, tampoco mostraron interés en corregir el pensamiento que Pablo había dejado reflejado en su personaje Jesús. Toda su obsesión era afianzar la pureza de su fe y evitar que los disidentes, aquellos que no veían con buenos ojos el papel asignado a Jesús, triunfaran.

MARCOS 14,5. Se hubiera podido vender por más de trescientos denarios para repartir el dinero entre los pobres. Y la criticaban. Pero Jesús dijo: Dejadla, ¿por qué la molestáis? Ha hecho una buena obra conmigo. A los pobres los tenéis siempre con vosotros y podéis hacerles bien cuando queráis, pero a mí no me tendréis siempre.

¿Trata, este versículo, de justificar lo dicho anteriormente? Parece dar a entender que al líder hay que disculparle sus dispendios; aceptar que en él, para favorecer su apariencia y su porte, se pueden derrochar los bienes comunitarios. Este es el mensaje: No ha de ponerse ningún impedimento en que el líder religioso, léase toda la curia, tenga preferencia sobre el resto de los mortales a la hora de gastar el dinero de todos. Un minúsculo ejemplo, pero significativo: Benedicto XVI usaba zapatos rojos, confeccionados a medida, valorados en 4.000 euros. ¿Verdad que si usted fuese Papa se le caería la cara de vergüenza calzando zapatos tan lujosos?

No obstante, todo lo dicho, la respuesta a todas esas actitudes incongruentes es siempre la misma: Todo, tal cual sucedió, ya estaba diseñado por la Trinidad desde el principio de los tiempos a fin de que todo transcurriese según lo planeado.

¿Por qué Yahvé diseñó los microorganismos infecciosos? A parte de otras consideraciones ya tratadas, ahora ya estoy en condiciones de responder con rotundidad: Porque las infecciones eran necesarias para que el Hijo pudiera curar algunas de ellas. ¿Se imaginan un pueblo judío completamente sano y el Hijo sin poder ejercitar sus facultades curativas? Sin enfermedades, él no hubiera podido intentar demostrar su divinidad.

Amor universal

JUAN 13,1. Antes de la fiesta de Pascua, sabiendo Jesús que había llegado la hora de pasar de este mundo al Padre, él, que había amado a los suyos que quedaban en el mundo, los amó hasta el fin.

El amor universal no sabe de fronteras, ni de ideas, ni de clases sociales, de lo cual se deduce que Pablo, con su mentalidad, no era partidario de ese amor desinteresado, y así lo refleja la Revelación por boca de los evangelistas. Por ejemplo, el autor de Juan escribe la realidad: -Jesús había amado a los suyos...-

¿Amaba a los demás? Es fehaciente que Jesús jamás adoctrinó respecto a la necesidad, ni siquiera la conveniencia, de amar a los romanos y egipcios, pero tampoco al resto de naciones.

HECHOS 5,31. A él, Yahvé lo exaltó con su poder, haciéndolo Jefe y Salvador, a fin de conceder a Israel la conversión y el perdón de los pecados.

Y cuentan que el Hijo encarnado tampoco practicaba el amor universal hacia los paganos, saduceos, escribas, ni siquiera a los sacerdotes. No predicó el amor a los enemigos políticos ni a los invasores romanos. Lucas, probablemente por orden de Pablo, puso en boca de Jesús palabras para atraer a las ovejas al redil, en referencia clara y exclusiva a los judíos que se apartaban de la Ley: -Conceder a Israel la conversión-. Lo tengo cada vez más claro, todo aquel montaje tenía como único objetivo el pueblo de Israel.

MATEO 4,23. Jesús recorría toda la Galilea, enseñando en las sinagogas, proclamando la Buena Noticia del reino y curando todas las enfermedades y dolencias de la gente.

MATEO 8,5. Al entrar en Cafarnaúm, se le acercó un centurión, rogándole: Señor, mi sirviente está en casa enfermo de parálisis y sufre terriblemente. Jesús le dijo: Yo mismo iré a curarlo.

Los evangelios demuestran que Jesús no amaba a toda la humanidad. ¿Por qué no viajó a Grecia, Roma, Babilonia o India, por ejemplo, para hacer esas curaciones que, al parecer, solo él tenía poder para realizar? La respuesta es sencilla, nada más se interesaba por los asuntos de su país. Nunca le tribuyeron una palabra referida a las penurias de los pueblos lejanos

JUAN 14,22. Judas –no el Iscariote– le dijo: Señor, ¿por qué te vas a manifestar a nosotros y no al mundo?, Jesús le respondió: El que me ama será fiel a mi palabra, y mi Padre lo amará; iremos a él y habitaremos en él.

La pregunta que le hizo Judas fue concisa, pero Jesús se salió por los cerros de Úbeda. No quiso responder a lo que era obvio: el olvido que mostró hacia los problemas del resto del mundo.

MATEO 9,2. Entonces le presentaron a un paralítico tendido en una camilla. Al ver la fe de esos hombres, Jesús dijo al paralítico: Ten fe, hijo, tus pecados te son perdonados.

En general, no fue en busca de los enfermos que nada sabían de él, de los que estaban en lugares muy lejanos, de los que sufrían tan graves males que hacían imposible su desplazamiento. Si curaba lo incurable, gracias a que ostentaba los poderes del Padre, y si amaba a todos por igual, debería haberse preocupado de los males de la humanidad y no solo de atender a unos pocos privilegiados que salían a su encuentro. Es más, una muestra de su infinito amor hubiera sido sanar a todos sus enemigos.

Hay un detalle que refleja la mentalidad de Pablo, el autor del personaje Jesús. Cuando le presentan a un paralítico, resulta que asocia ese mal con los posibles pecados cometidos por el desgraciado, por eso entiende que perdonando el pecado se elimina la enfermedad. ¿Y quién puede vengarse haciendo enfermar a una persona por culpa de un pecado cometido? La respuesta es bien sabida: Yahvé, dios padre y señor nuestro. Cosa que también sabía muy bien el Hijo encarnado.

MATEO 10,5. A estos Doce, Jesús los envió con las siguientes instrucciones: No vayáis a regiones paganas, ni entréis en ninguna

ciudad de los samaritanos. Id, en cambio, a las ovejas perdidas del pueblo de Israel.

MATEO 15,22. Entonces una mujer cananea, que procedía de esa región, comenzó a gritar: ¡Señor, Hijo de David, ten piedad de mí! Mi hija está terriblemente atormentada por un demonio. Pero él no le respondió nada. Sus discípulos se acercaron y le pidieron: Señor, atiéndela, porque nos persigue con sus gritos. Jesús respondió: Yo he sido enviado solamente a las ovejas perdidas del pueblo de Israel. Pero la mujer fue a postrarse ante él y le dijo: ¡Señor, socórreme!. Jesús le dijo: No está bien tomar el pan de los hijos, para echárselo a los cachorros.

Estos versículos son una evidencia de lo que decía antes. Muy cruel fue esa alegoría que utilizó el amantísimo Jesús con aquella mujer cananea. Es vidente que una de las instrucciones con las que fue enviado el Hijo, y a las que se debía ajustar por acuerdo entre la Tres-Pronas-en-Una, era que tenía que desentenderse de otros pueblos. ¡Por favor, no me hablen más del amor de Jesús a todas las criaturas! Era exactamente lo mismo que había hecho Yahvé, dios padre y señor nuestro, durante su estancia entre el pueblo elegido. Ahora bien, es posible que fuera ese el motivo de su indiferencia, incluso odio, hacia todo lo no judío, aunque, también, puede que todo se debiera a la mentalidad del creador de la trama del personaje, Pablo de Tarso.

MATEO 26,11. A los pobres los tendrán siempre con ustedes, pero a mí no me tendrán siempre.

No entiendo como alguien que se considere cristiano se muestre impasible ante la indiferencia que muestra Jesús hacia los pobres. Cuentan que curó a muchos, pero nada dicen del más mínimo interés por desterrar las hambrunas de los pueblos. Jesús se sentía realizado cuando curaba una supuesta lepra, pero no consideraba importante para su ministerio paliar el hambre de los niños del tercer mundo. Esto era algo que carecía de importancia para él. Por eso no legó a la humanidad ni un solo consejo referido a cómo combatir sequías y malas cosechas.

JUAN 15,1. Os he dicho esto para que no os escandalicéis. Seréis echados de las sinagogas, más aún, llegará la hora en que los mismos que os den muerte pensarán que tributan culto a Dios.

Se me ocurre imaginar si el Hijo encarnado, al decir esas palabras, ¿se estaba refiriendo a los fallecidos en las Guerras Santas, en las Cruzadas o en la Inquisición? -Los que os den muerte pensarán que tributan culto a Dios-. Es, ni más ni menos, lo que estuvo haciendo la Iglesia Verdadera durante siglos, dedicándose a asesinar a muchos inocentes en nombre de Yahvé. ¡Tremendo disparate! Además, no aplicó el amor universal que predica cuando mató injustamente a muchos de los que disentían de sus ideas.

Lo dijo Benedicto XVI:

Desinteresarse por los problemas temporales de la humanidad significaría olvidar las lecciones del Evangelio sobre el amor al prójimo. La Iglesia está llamada también a contribuir para mejorar las condiciones de vida de las personas. No es aceptable que la evangelización no cuide los temas que se refieren a la promoción humana, la justicia, la liberación de cualquier forma de opresión.

Parece que el Papa se estaba refiriendo a Jesús, pues es evidente que él hizo lo contrario de lo recomendado:

- Se olvidó de los problemas temporales de la humanidad. Jesús solo se preocupó de adoctrinar a unos cuantos judíos.

- No contribuyó a mejorar las condiciones de vida de las personas. Jesús solo favoreció a quienes le seguían.

- Tampoco se cuidó de la promoción humana, la justicia y la liberación de cualquier forma de opresión. Jesús, en ningún momento, se cuidó de abogar por la liberación de la esclavitud.

La esclavitud

MATEO 20,26. Entre vosotros no debe suceder así. Al contrario, el que quiera ser grande, que se haga servidor vuestro; y el que quiera ser el primero que se haga su esclavo.

Y abundando en ese peculiar amor al prójimo... ¡La esclavitud fue aceptada por el cristianismo! Sorprende que el Hijo encarnado que, según escribieron los propios autores del personaje, era un gran defensor de los derechos humanos, tampoco se mostrara abiertamente en contra de la esclavitud. Es preciso reconocer que en tiempos del Nuevo Testamento, la labor de los esclavos era fundamental para la economía del Imperio Romano, pues casi un tercio de la población estaba esclavizada. Pero eso no es óbice para que, igual que presentaron a un personaje enfrentado a otras injusticias de aquella sociedad, que según dicen le supuso su condena a muerte, bien podrían haber aprovechado la ocasión para iniciar una campaña de concienciación contra la esclavitud. Y el hecho de no combatirla implica aceptarla, aunque fuera como un mal menor. Mucho atemorizar con los pecados de la carne, esa predicación fácil de anacoretas y misóginos, mas un silencio absoluto en contra de la esclavitud.

Y aquella actitud de ambos líderes, Yahvé y el Hijo, que ya cuando inspiraron el Antiguo Testamento no criticaron la esclavitud, trajo como consecuencia que, a lo largo de milenios, esa ignominia fuera algo normal en la mente de los judíos primero y, más tarde, de la cristiandad. Por culpa de todos esos versículos bíblicos la esclavitud fue tenida como algo perfectamente lícito y amparada por las Tres-Personas-en-

Una... Para los fieles creyentes la esclavitud continuará en la otra vida, bajo la dulce opresión de Yahvé.

1TIMOTEO 6,1. Los que están sometidos al yugo de la esclavitud, tengan a sus amos por dignos de todo respeto.

EFESIOS 6,5. Esclavos, obedeced a los amos según la carne con sumisión y respeto.

1PEDRO 2,18. Siervos, sed sujetos con todo temor a vuestros amos; no solo a los buenos y humanos, sino también a los rigurosos...

Agustín de Hipona, a la sazón obispo y después santo, escribió:

El pecado es lo *que hace que el hombre tenga al hombre entre cadenas por toda su existencia.*

Y, con absoluta normalidad, recordaba a los esclavos lo que dijo Pablo:

Es por esto que el Apóstol invita a los esclavos a permanecer sumisos, a servir de corazón y con buena voluntad, a fin de que si no pueden ser liberados por sus amos, ellos mismos, por decirlo así, liberen su propia servidumbre, testimoniando con su servicio, no la hipocresía del miedo, sino la fidelidad del afecto, hasta que pase la iniquidad y que, toda soberanía y poder humano aniquilados, Dios todo esté en todos.

Y Tomás de Aquino, en su Tratado de Justicia, dejó escrito:

El grupo doméstico implica tres conjugaciones: entre esposos, entre padres e hijos, entre amos y servidores; donde se ve que una de las personas (así conjugadas) es un objeto de la otra.

De este sabio son otros dichos aleccionadores, como cuando decía que había que ejecutar a los herejes.

Hoy en día la humanidad rechaza la esclavitud, lo cual es síntoma de que, en general, somos más civilizados que aquellos primitivos ideólogos, primero, del judaísmo y, más tarde, del cristianismo que, expresando sus ideas obtusas, pusieron en un brete a Yahvé y al Hijo. Incluso, se puede comprobar que grandes sabios como Agustín y Tomás, a los que, según dicen, hay que tener en gran estima, alababan la esclavitud como algo necesario.

Ahora horroriza ver a los esclavos, pero aquellos celebrados personajes, supuestos amantes del prójimo desamparado, no tenían desarrollada esa conciencia, por lo que se mostraban impasibles ante la imposición de esa sumisa vejación. A mi entender, continúa siendo un misterio la constatación de que tanto Yahvé como el Hijo incorporaran en su proyecto ese concepto de servidumbre esclavizante a sabiendas de que hoy estaríamos disconformes con ese comportamiento.

Desde la antigüedad más remota ya existía la figura del esclavo; el propio Noé maldijo a uno de sus hijos con la ignominia de la esclavitud... y Yahvé permanecía callado, permitiendo esa degradación del género humano. Lo más que hizo fue tratar de regularla, pero nunca tuvo intención de abolirla, pues, en su famoso Decálogo, dejó legislado para los siglos venideros que el esclavo y la esclava eran patrimonio del amo. Para mi corto entender, esta es una de tantas preguntas sin respuestas del Proyecto Creativo de Yahvé: ¿Por qué no se preocupó por la felicidad de todas las criaturas sin excepción?

Han sido muchos siglos de lectura de una Biblia insensible ante la esclavitud, que la trata como un hecho natural, lo cual se ha reflejado en las decisiones papales y conciliares de la Iglesia Verdadera. Haciendo un repaso a esas decisiones observo lo siguiente:

- Concilio de Gangres (324 d. C.): Anatema contra quien apartara a los esclavos de sus deberes.

- Concilio de Sárdica (340 d. C.): Anatema contra los esclavos que no obedecían y respetaban a sus amos.

- San Martín de Tours, obispo, poseía 20.000 esclavos, pero ese no fue obstáculo para que fuese ¡Santificado!

- Concilio de Albon (517 d. C.): Se prohíbe al amo matar a su esclavo, sin respetar los derechos.

- Sínodo de Tours (567 d. C.): Se prohíbe a los religiosos del entorno del obispo toda clase de contacto con las esclavas de la mujer de éste.

- Gregorio I Magno, Papa... ¡y santo! (600 d. C.): La esclavitud es justificada por entenderla como una consecuencia del pecado. Este vicario de Cristo y que, según la Iglesia <Verdadera>, gozaba de la gracia del bis a bis diario con el Santo Espíritu, tenía a cientos de esclavos en sus haciendas, y consintió las leyes que prohibían a los esclavos casarse con cristianos libres.

- Concilio de Toledo (655 d. C.): Decreto de esclavización de los hijos de sacerdotes.

- A mediados del siglo XI, León XI convirtió en esclavas de su palacio a todas las mujeres que vivían con religiosos en Roma.

- Concilio de Melfi (1089 d. C.): Esclavización de las esposas de los sacerdotes casados.

- Concilios lateranenses (1123-1517 d. C.): Esclavización de aquellos cristianos que hubieran favorecido a los sarracenos durante las Cruzadas.

- El Papa Nicolás V (18-Junio-1452) autorizó el comercio de esclavos en su bula "Divino amore communiti". legitimó el comercio de esclavos mediante la bula, autorizando al rey de Portugal a "... conquistar a los países de los no creyentes, expulsar a sus habitantes, subyugarlos y obligarlos a una eterna servidumbre".

- Pío III, Papa (1548 d. C.): Otorgó permiso para la venta, en pública subasta, de esclavos.

- Hubo que esperar hasta el año 1839 para que -¡por fin!- un Papa, Gregorio XVI, abogara por la libertad de los esclavos negros, pero poco caso se le hizo.

- En el año 1850, el Papa Pío IX se refirió al problema de la esclavitud en una bula.

- Santo Oficio (1866 d. C.): La esclavitud, en sí misma, no es del todo contraria a las leyes natural y divina... Pues la clase de propiedad que el dueño ejerce sobre el esclavo se entiende solo sobre el derecho al trabajo del esclavo para beneficio del dueño.

- España, país reconocido como católico, no abolió la esclavitud hasta 1886.

- En 1888, el Papa León XIII se interesó públicamente por esta lacra social.

De vez en cuando, la Iglesia Verdadera, inmersa en sus veleidades, se ve obligada a solicitar el perdón universal por su actitud en ciertos momentos de la historia. ¿Acaso no afirman como dogma de fe que las decisiones de los Papas, vicarios de Cristo, están amparadas por el Hijo? ¿Acaso las resoluciones de los sínodos, concilios y congresos no están certificadas por la inspiración del Espíritu? Siendo así, ¿A quién hemos de achacar el pertinaz oprobio de la esclavitud? A la vista de esos disparate, mi conciencia me dice que Dios jamás habría consentido ningún tipo de esclavitud.

La paz

LUCAS 2,14. ¡Gloria a Dios en las alturas, Y en la tierra paz para con los hombres de buena voluntad!

Aquí también habría que advertir aquello: -Haz lo que digo, pero no hagas lo que hago.-

El Hijo tampoco utilizó su infinito poder de persuasión para convencer a todas las naciones de que la paz internacional era el mejor medio de convivencia. En este asunto, creo que se perdió la gran oportunidad de plasmar en el Libro Sagrado, de forma clara y precisa, la idea de que la concordia entre los pueblos era primordial para lograr el pleno amor al prójimo y alcanzar el Cielo.

Es lógico creer que si la Palabra del Hijo era perfecta, o sea, absolutamente convincente conforme a su naturaleza, habría conseguido la paz mundial imperecedera si se lo hubiera propuesto; por lo tanto, la única razón por la que no dedicó algún tiempo a esa labor tan beneficiosa para todos sus amados hijos es, simplemente, porque no quiso hacerlo, ya que no lo contemplaba el Proyecto; aunque reconozco que esa fue una actitud incomprensible para mi forma de razonar. Y otra prueba de que ya estaba prevista la enemistad imperecedera entre los pueblos es que, posteriormente, tampoco los autores sagrados inspirados pusieron interés en enfatizar con un discurso centrado en la condena de todo tipo de guerras,

LEVÍTICO 19,17. No odies en tu corazón a tu hermano, pero corrige a tu prójimo, para que no te cargues con pecado por su causa. No te vengarás ni guardarás rencor contra los hijos de tu pueblo. Amarás a tu prójimo como a ti mismo. Yo, Yahvé.

¿A qué prójimo ser refería este versículo? Creo que está claro: -No te vengarás ni guardarás rencor contra los hijos de tu pueblo-. Yahvé había elegido a un único pueblo, sus leyes iban dirigidas únicamente a su pueblo amado, y es a esa gente a quien él ayudó en exclusiva y en contra del resto del mundo; por tanto, solo entendía como prójimo a los habitantes de Israel. Ante esta actitud, el Hijo, que comulgaba en todo con las ideas de Yahvé, dios padre y señor nuestro, consideraba, asimismo, como único prójimo a sus hermanos judíos, solo con ellos había que tener consideración.

MATEO 10,34. No penséis que he venido a traer la paz sobre la tierra. No vine a traer la paz, sino la espada.

En mi libro ESPADACHINES CELESTIALES, comento sobre aquellos ángeles armados tan propensos a utilizar espadas desde el principio de la creación. Pues bien, es evidente que el Hijo encarnado también era amante de las armas.

LUCAS 22,36. Y les dijo: Pues ahora, el que tiene bolsa, tómela, y también la alforja; y el que no tiene espada, venda su capa y compre una.

Estas palabras me inducen a pensar en la preparación de una campaña combativa, pues para ello se requieren dos componentes necesarios: la intendencia y las armas, es decir: aprovisionar las alforjas y comprar espadas.

LUCAS 22,38. Señor, aquí hay dos espadas. Y él les dijo: Es suficiente.

Esto es un modelo de contradicción perfecta. Por un lado, se relamen con los embelesos puestos en boca del personaje Jesús: "Amarás a tu prójimo como a ti mismo... Ofrecerás la otra mejilla..." Por otro lado, aseguran que el propio Jesús ordenaba a sus discípulos que compraran espadas. ¿Con qué sana intención?

Y si es cierto lo que han contado, quienes de esto saben mucho, respecto a que el Hijo encarnado ostentaba el poder del Padre haciendo curaciones, entonces, si tenía ese poder, ¿para qué necesitaba esas espadas? En fin, todas estas incoherencias me huelen muy mal. Todo parece indicar que esas escenas del prendimiento, que en los evangelios se concentran en el anochecer de un jueves, en realidad hubieran sucedido en días, semanas o meses. Me refiero a que la primera intención parece que fue armarse y hacer frente a las tropas, pero que después se urdió una trama que aconsejaba una entrega pactada sin combate.

MATEO 26,51. Uno de los que estaban con Jesús sacó su espada e hirió al servidor del Sumo Sacerdote, cortándole la oreja.

En estos pasajes se aprecia ostensiblemente la diferencia entre lo que contaron los autores y lo que se esperaría del Hijo encarnado. Dicen que este era el más pacífico de los seres del Universo, pero leemos que ordenó a los suyos comprar espadas. ¿Acaso pretendía que sus apóstoles se opusieran a quienes iban a prenderle mientras él se evadía? Incidiendo en este asunto, me resulta insostenible que pretendan hacerme creer que un ser pacífico jamás condenara la violencia, tanto activa como pasiva, de celotes y sicarios, mientras que sí criticara con dureza a fariseos y saduceos, y a los correligionarios de Herodes Antipas.

Y respecto a esos grupos armados, francamente, considero increíble que al Hijo se le ocurriera acoger en sus filas a terroristas y asesinos; sin embargo, hay mucha gente que asume como algo normal que aceptara como camaradas a sectarios violentos. El Hijo sería contrario a cualquier tipo de violencia; sin embargo, ¿por qué se rodeaba de esos guerreantes? Pues es muy sencillo: Porque los autores bíblicos lo entendían como una prueba de fuerza en su favor.

HOMBRE O DIOS

JUAN 18.3. Judas se presentó con una tropa de soldados y con algunos guardias del templo enviados por los jefes de los sacerdotes y por los fariseos. Iban armados.

Según lo revelado, estoy obligado a creer:

- Que el Hijo predicaba la paz, pero aconsejaba comprar espadas.

- Que los apóstoles eran pacíficos pero iban armados

- Que predicaban el amor pero eran violentos zelotes y sicarios.

- Que Judas, aun conociendo la destacada mansedumbre del grupo, los denunció.

- Que, para apresar a aquel Santo desvalido, se consideró necesario recurrir a una tropa de soldados apoyada por guardias del templo.

Pues bien, si he de hacer el esfuerzo de intentar creer todo eso conjuntamente, me arriesgo a sufrir un trauma psicológico.

Pero no deben preocuparse los creyentes, ese comportamiento incongruente se lo debemos al ideólogo. Debido a su judaísmo, Pablo estaba imbuido de que las guerras eran necesarias y convenientes. Pablo adoraba a Yahvé, dios padre y señor nuestro, quien azuzó a los judíos a una lucha a muerte contra el resto de pueblos; quien al mando de sus ángeles armados con espadas fulgurantes, seguramente templadas en los arsenales de la Gloria, siempre apoyó a su pueblo en la conquista sangrienta de la tierra prometida. Por lo tanto, para Pablo, las guerras eran bendecidas por Yahvé –eso sí, ¡siempre que fuesen justas!-, y esa mentalidad, como era lógico esperar, la insufló en su doctrina.

Y la Iglesia Verdadera entendió el mensaje de su fundador. Tenía, por un lado, a Yahvé, que incitaba a su pueblo a empuñar las armas y, por otro lado, al Hijo que veneraba el comportamiento del Padre; por lo tanto, era la justificación perfecta para implantar en sus seguidores la fe ciega que aceptara declarar la Guerra Santa en forma de cruzadas y dedicar años a cortar cabezas de infieles en nombre de Yahvé y que, encima, esas matanzas sumaban puntos para alcanzar la Gloria.

Estos son pasajes del Proyecto de los que todavía no se ha recibido la pertinente Revelación, por eso los exegetas aún no tienen claro el porqué fue diseñado así: Favorable a la guerra y no a la paz.

Aquella tradición guerrera se había incrustado en las mentes de los herederos de tan pacífica doctrina. Por eso, en el siglo V, el gran san Agustín se declaró conforme con las guerras; incluso otro patriarca, Teodoreto, predicaba que las guerras son más beneficiosas que la paz. Y qué decir de los numerosos papas que poseían ejércitos poderosos y batallaban para apoderarse de nuevos territorios. Y obispos y cardenales apoyando el nazismo y el venerable y beato Pío XII justificando los medios empleados en las guerras modernas. En fin, demasiados ejemplos de un Cristianismo poco cristiano.

Machismo

MATEO 27,55. Y estaban allí muchas mujeres mirando de lejos, las cuales habían seguido desde Galilea á Jesús, sirviéndole. Entre las cuales estaban María Magdalena, y María la madre de Santiago y de José, y la madre de los hijos de Zebedeo.

Es evidente la manía de aquellos evangelistas hacia las mujeres. Trataban de ocultar a María, la Madre de Jesús, haciéndola quedar como una mala madre que no estaba presente en los momentos difíciles de su hijo, aunque la realidad de aquella escena se acercaba más a la posibilidad de que las tres Marías citadas fueran la misma persona, o al menos dos de ellas.

¡Qué injustos eran aquellos cristianos con sus mujeres! Y qué injustos han seguido siendo con ellas hasta los tiempos actuales. Todo comenzó cuando, un funesto día, a unos sacerdotes judíos, machistas recalcitrantes, se les ocurrió jurar que habían recibido la inspiración de lo que sucedió al principio de los tiempos y, a sabiendas de que perjuraban, escribieron que Yahvé había modelado con barro al hombre, pero que a la mujer la había hecho partiendo de un costado del hombre, además, el Espíritu no le había insuflado el aliento divino. Insisto creo que perjuraban, porque, si hubiese sido verdad, sería una actitud vejatoria contra la mujer. Además, por si eso fuera poco, dejaron constancia de su aversión a Eva al asegurar que Yahvé había sentenciado que ella estaría sometida a su marido de por vida.

Aquellos sacerdotes continuaron dando muestras de su misoginia durante siglos; incluso se atrevieron a blasfemar, con tal de vilipendiar al género femenino, cuando aseguraron que Yahvé había dictado una Ley en la que legitimaba a la mujer como patrimonio del hombre. ¿En qué cabeza cabe la creencia de que Dios pudo inspirar semejantes disparates? Eso solamente pudo ser obra de los sacerdotes de Yahvé.

Y de aquellos polvos vinieron estos lodos. Pablo, otro misógino, se frotaba las manos leyendo aquellos disparates y, como era de esperar, los extrapoló a su doctrina. Estoy convencido de que no puede existir una mente racional que se crea lo que dice en su carta a los Corintios:

El hombre es la imagen y la gloria de Dios; pero la mujer es la gloria del hombre. Porque el hombre no procede de la mujer, sino la mujer del hombre. Además, el hombre no fue creado a causa de la mujer, sino la mujer a causa del hombre.

Sin embargo, hay demasiados cristianos que, cegados, comulgan con las palabras del Libro. ¿Por qué quieren hacer creer que estas son las enseñanzas que Dios nos dejó para la posteridad?

Esas doctrinas pretenden justificar la actitud de la Iglesia Verdadera hacia las mujeres, por lo que, pese a ser ostensiblemente discriminatorias, nunca las borrarán de su interesada Revelación. Sin embargo, es tan nítido el disparate que es seguro que las creyentes, cuando se topan con esta clase de Palabra huyen a refugiarse en las Bienaventuranzas. Ese trato vejatorio contra la mujer solo puede ser obra de Pablo, que se escudó en el halo de bondad de su personaje Jesús para que pudiera justificarse su pensamiento disparatado.

Abundan las pruebas referidas a la inconsistencia de los comportamientos que se pretenden adjudicar al Hijo. Por ejemplo, no me encaja su figura, amante de todas las criaturas y sin hacer acepción de género, con el hecho de que acatara sin rechistar esos versículos inspirados por el Padre, en los que se incluía a la mujer como parte integrante del patrimonio del hombre (Éxodo, 20). Más adelante, queriendo subsanar lo anterior, se presentaba a la mujer como objeto de deseo libidinoso (Deuteronomio, 5) y, además, se olvidaba de la sexualidad de la mujer al no incluirla en ese mandamiento como portadora potencial del pecado de deseo hacia el hombre. Y, por otro lado, ahí está plasmado, insisto, el olvido de insuflar en la mujer recién creada el soplo vivificante del Santo Espíritu. ¡Un error imperdonable!

¿Cómo se intentó arreglar aquel desaguisado del Éxodo? Los sacerdotes cayeron en la metedura de pata de Éxodo y, simplemente, extrajeron la frase referida a la mujer y cambiaron el verbo codiciar por desear –dándole el significado retorcido de deseo carnal, que nada tiene que ver con el sentido original, que era el de un bien poseído– obteniendo, así, un nuevo mandamiento: -No desearás la mujer de tu prójimo-, dicho esto con el mayor sentido carnal, muy diferente a lo que pretendía el legislador primitivo.

Aunque, lo justo y lo razonable hubiera sido inventar ese mandamiento incluyendo tanto al hombre como a la mujer, es decir, algo así: -El hombre no deseará a la mujer de su prójimo, ni la mujer deseará al marido de su prójima. Posteriormente, la Iglesia Verdadera dio con la solución ideal para sus fines, lo sustituyó por otro: -No consentirás pensamientos ni deseos impuros.- Y, tras esas modificaciones, el décimo mandamiento quedó reducido a: -No codiciarás los bienes ajenos-.

MATEO 5,27. Oísteis que fue dicho: No cometerás adulterio. Mas yo os digo: Quienquiera que mire a una mujer codiciándola, ya cometió con ella adulterio en su corazón.

Y Mateo siguió empecinado en atribuir a Jesús unas palabras incompatibles con lo que debería ser su mentalidad. Por el texto se infiere que desconocía la sexualidad femenina, pues solo consideraba al hombre con la capacidad del pecado de pensamiento. Pero este craso error no se le debe achacar al protagonista de la historia sino al autor del libro que, probablemente, era un misógino consumado, pues despreciaba cualquier actitud de la mujer, en perfecta concordancia con su ideólogo Pablo.

1CORINTIOS 11,5. Toda mujer que ora o profetiza con la cabeza no cubierta, afrenta su cabeza, porque da lo mismo que si se hubiese rapado. Porque si la mujer no se cubre, que se corte todo el cabello; y si le avergüenza cortarse el cabello o raparse, que se cubra.

1CORINTIOS 11,7. El hombre no ha de cubrir su cabeza, porque él es la imagen y la gloria de Dios; pero la mujer es la gloria del hombre. Porque el hombre no procede de la mujer, sino la mujer del hombre. Además, el hombre no fue creado a causa de la mujer, sino la mujer a causa del hombre.

1CORINTIOS 11,13. Juzgad por vosotros mismos: ¿Es apropiado que la mujer ore a Dios con la cabeza no cubierta?

¿Alguien, en pleno uso de sus facultades mentales, puede creer que estas son las enseñanzas que inspiró Dios a la humanidad?

Estos versículos son testimonios evidentes de la discriminación hacia la mujer. Los propios autores, empapados del machismo recalcitrante atribuido a Yahvé, trataron de colocar a la mujer bajo el poder del hombre. Incluso, en el Nuevo Testamento, los evangelistas iniciaron la idea de que solo los varones eran válidos para el apostolado. Para la iglesia primitiva la mujer valía menos que el hombre, y es por culpa de las religiones que la mujer está discriminada, hoy día, en muchos países. Ahí está la carta a los corintios, escrita por Pablo, el verdadero fundador de la Iglesia Verdadera, donde se expresa nítidamente el concepto que ese presunto sabio, supuesto inspirado y, por tanto, dicen que inerrante, se había formado sobre la mujer, claramente influenciado por la lectura del Antiguo Testamento. Y esa es la herencia que permanecía en la mente de aquellos incultos misóginos precursores del tinglado que sustenta a la Iglesia <Verdadera.> ¿Verdad que la redacción de la carta a los corintios parece ser obra de los talibanes del burka? ¡El hombre es la gloria de Dios y la mujer la gloria del hombre! Palabra de Yahvé, dios padre y señor nuestro. Amén.

Ya fue sentenciada en Génesis: -Te sentirás atraída por tu marido pero él te dominará.- Toda una retahíla de apología del maltrato a la mujer. Jamás nadie debió atreverse a asegurar que Dios inspiró esos disparates, pues honestamente creo que afirmar tal cosa es una herejía mayúscula... En fin, estos desvaríos machistas atestiguan la imposibilidad de que el Hijo pudiera haber dejado esas ideas incrustadas en las mentes de sus seguidores, a no ser que todo ese disparate se debiera al estricto seguimiento del Proyecto Divino.

1TIMOTEO 2,9. Que las mujeres se atavíen con vestido decoroso, con modestia y prudencia; no con peinados ostentosos, ni oro, ni perlas, ni vestidos costosos.

1CORINTIOS 14,34. Las mujeres guarden silencio en las iglesias; porque no se les permite hablar, sino que estén sujetas, como también lo dice la ley. Si quieren aprender acerca de alguna cosa, pregunten en casa a sus propios maridos; porque a la mujer le es impropio hablar en la iglesia.

Cuentan, quienes afirman conocer el sentimiento de Dios, que Él no haría acepción de personas, sin embargo, para los seguidores de la doctrina de Pablo, la mujer no tenía derecho ni a voz ni a voto. En consecuencia, la falta de autonomía de la mujer cristiana era manifiesta. ¿Son esas las ideas de una nueva religión tan renovadora, o son producto exclusivo de autores misóginos? Ya se ve en qué manos se confió el evangelio de tan novedosa doctrina que vilipendiaba a las mujeres. ¡A qué nivel de sometimiento debieron llegar aquellas pobres mujeres para asumir sin rechistar la imposición a ultranza del varón por mandato divino!

Y la herencia misógina continuó por los siglos de los siglos en las mentes de los santos varones. Karlheinz Deschner, en su Historia Sexual del Cristianismo, comenta:

Para Pedro Damián, cardenal benedictino, santo y doctor de la Iglesia, las mujeres de los clérigos eran solo cebos de Satanás, desechos del Paraíso, veneno del espíritu, espadas de las almas, lechetrezna para los sedientos, fuente de los pecados, principio de corrupción, lechuzas, mochuelos, lobas, sanguijuelas, rameras, fulanas, furcias y cenagales para puercas grasientas («volutabra porcorum pinquium»), entre otras comparaciones contenidas en una rabiosa y tronante parrafada dirigida al obispo Cuniberto de Turín.

Como legado palpable de Yahvé, dios padre y señor nuestro, el mismo autor comenta:

Todavía en el siglo XX se reza en las sinagogas: Te doy las gracias, Señor, porque no me has hecho infiel, ni siervo (...), ni mujer.

Relata Gregorio de Tours que durante la celebración del concilio de Macon, en el año 585, un obispo planteó la pregunta de «si la mujer puede ser designada como homo». Esta cuestión se suscitó por la valoración más alta que los hombres se habían atribuido a sí mismos. En ese sínodo también se discutió frenéticamente sobre si la mujer tenía alma, y cuestión tan peliaguda se resolvió por una escasa margen en la votación.

Esas disparatadas discusiones eran la consecuencia de una Revelación desastrosa. Después pretendían arreglarlo diciendo:

La mujer puede ser salvada por el hecho de dar la vida a los niños, a condición de que se muestre constante en la fe, la caridad y la santidad.

¿Por qué el Islam obliga a sus mujeres a cubrirse la cabeza? La respuesta se encuentra en la Biblia. Mahoma basó muchos de sus preceptos en los antiguos libros sagrados judíos, y el uso del velo, el chador, el nikab o el burka, son consecuencia de ello. El fundamentalismo ha entendido esa máxima en grado sumo, pero su origen lo tenemos aquí. Es evidente que el autor bíblico no se dirigió al hombre en el mismo sentido, o sea, no importa que éste usase vestimenta ostentosa o se cubriera de joyas. Si las palabras de Yahvé y los santos evangelios hubieran sido más caritativas con las mujeres, seguramente el comportamiento de muchos pueblos sería hoy muy distinto respecto a ellas. Y la herencia de Yahvé perdura hasta hoy.

A principios del siglo pasado, Pío X dictó un documento prohibiendo a las mujeres cantar en las iglesias y participar en la lectura de los evangelios. Hoy día, en las audiencias del Papa, se constata que las mujeres están obligadas a cubrir sus cabezas con un velo. Las católicas usarán velo blanco, mientras que las no católicas lo llevarán negro.

Estas son las herencias de las enseñanzas que dejó Jesús y que están patentes en los evangelios.

A continuación, expongo un ramillete de ideas que se trasladaron a la Gloria de Yahvé en las mentes de santos varones:

- *San Ambrosio:* <*La mujer ha de cubrirse la cabeza.*>

San Juan Crisóstomo: Las mujeres están destinadas principalmente a que satisfagan la lascivia de los hombres.

Quizás dijo esto por propia experiencia o porque conocía las movidas de los conventos.

- *San Jerónimo: Si la mujer no se subordina a su marido, el que es su cabeza, es culpable del mismo crimen que comete un hombre que no se subordina a su cabeza que es Cristo.*

- *San Agustín: La mujer es un ser inferior que no fue creada por Dios a su imagen y semejanza. Corresponde al orden natural que las mujeres estén al servicio de los hombres.*

- *Santo Tomás de Aquino: La mujer se comporta con el hombre como lo imperfecto y defectuoso con lo perfecto. La mujer es un error de la naturaleza, una especie de hombre mutilado, malogrado, fracasado.*

A la vista de esas ideas, me resulta incomprensible que estos individuos puedan haber sido santificados. Y viendo el concepto que la Iglesia Verdadera tiene sobre sus santos, sospecho que en la Morada de Yahvé debe haber muchos tipos como estos.

Y el colmo son las disquisiciones que tenían lugar en los sínodos, eso sí bajo la inspiración del Espíritu. Así, en el de Macon, año 585, se trataron asuntos tan estúpidos como estos:

Si las mujeres que habían hecho muchos méritos, en el momento de la resurrección de la carne, no deberían ser primeramente transformadas en hombres antes de que pudieran entrar en el paraíso.

1CORINTIOS 9,5. ¿No tenemos derecho a llevar en nuestras peregrinaciones una hermana, igual que los demás apóstoles y los hermanos del Señor y Cefas?

Eran contrarios a que la mujer tuviera voz y voto pero, eso sí, deseaban la compañía femenina. ¿Con qué sana intención pretendían llevar a una hermana a su lado en sus largas correrías?

Toda esa retahíla de vilipendios contra la mujer se podría haber acabado si Jesús hubiera criticado el despecho que el Antiguo Testamento demuestra por la mujer. Pero él, como buen judío, no podía oponerse a lo inspirado por Yahvé. Jesús jamás se opuso a la doctrina machista que aparece en la Torah y, además, fue incapaz de prever las consecuencias. Porque no creo que el creyente acepte que Jesús sí sabía lo que sucedería con la mujer, pero no quiso evitarlo.

Sin embargo, frente a esta flagrante misoginia incrustada en el Antiguo Testamento, y continuada después en el Nuevo Testamento por Pablo de Tarso, santo y seña del Cristianismo, resulta paradójico que, según atestiguan quines fueron testigos oculares, para la concepción del Hijo, despreciaron a todos los hombres, entre ellos al padre putativo, y utilizaron, como no podía ser de otra forma, a una mujer, María. Ahí el venerado san Pablo, misógino consumado, debió tragar sapos y culebras, pero no lo quedaba más remedio de incluir a una mujer, aunque procuró hacerla pasar desapercibida en adelante en todos los evangelios.

Concluyo con Karlheinz Deschner que, en su libro "Cargar con la cruz que es la Iglesia", dice:

El sínodo de Aquisgrán constató en tiempos de Carlomagno que los conventos de monjas parecían más casas de prostitución que conventos, una comparación repetida constantemente en el siglo IX.

Vistas todas esas vejaciones hacia la mujer, me planteo esta cuestión: Si las mujeres son tan perversas como anuncian los sabios de la Iglesia Verdadera ¿por qué les permiten fundar conventos, hacerse monjas, pertenecer a organizaciones religiosas...?

La familia

La aniquilación de los instintos naturales; ese es el procedimiento utilizado por las sectas. Tal vez, estos versículos guarden relación con aquello que dice el mandamiento: -Honrar padre y madre-; o sea, que no es bueno amarlos mucho no vaya a ser que nos pasemos y tengamos un problema en el más allá. Y no digamos con los hijos, a los que se les puede amar hasta ciertos límites.

¿Estamos obligados a creer que Yahvé tiene los defectos humanos del egoísmo y los celos? ¿Acaso Yahvé tiene un inmoderado y excesivo amor a sí mismo?

MATEO 8,21. Otro de sus discípulos le dijo: Señor, permíteme que vaya antes a enterrar a mi padre. Pero Jesús le respondió: Sígueme, y deja que los muertos entierren a sus muertos.

Ya comenté que entre las obras de misericordia, la Iglesia Verdadera incluye la de sepultar a los que mueren, con lo cual, este versículo, califica de inmisericorde a Jesús. Digo yo que no sería tan importante ese discípulo para la causa como para no permitirle ausentarse unas horas para enterrar a su difunto padre.

MATEO 12,47. Alguien le dijo: Mira, tu madre y tus hermanos están de pie afuera buscando hablar contigo. Mas él respondió: ¿Quién es mi madre y quiénes son mis hermanos?

¿Por qué se comporta despectivamente con su familia? Este intento de cortar los lazos familiares es una actitud antinatural, pero resulta fundamental para los intereses exclusivistas de la Iglesia Verdadera; por eso aquellos autores, entre ellos y principalmente Pablo, pusieron en boca del personaje Jesús una palabras insólitas y que deberían ser incompatibles con el sentir del Hijo. Hoy es manifiesto el hecho de que los líderes sectarios tratan, mediante el lavado de cerebro, romper los lazos familiares de los neófitos para conseguir su anonadamiento y sumisión; y esa es, precisamente, la técnica usada por el evangelista. Según se ve, la trama del Evangelio intentaba demostrar que, aunque tanto la madre como los hermanos no estuvieran muy de acuerdo con sus ideas revolucionarias y le recriminaran alguna de sus actuaciones, el Hijo encarnado no mostraba interés en hacerles mucho caso y prefería a la masa que le seguía.

¿No resulta sospechoso que Jesús nada dijera respecto a la santidad de su madre? Nunca tuvo una palabra de cariño hacia ella. Jamás comentó con sus discípulos respecto a la forma en que su madre concibió.

HOMBRE O DIOS

MATEO 8,39 Ellos le replicaron: Nuestro padre es Abraham. Y Jesús les dijo: Si fuerais hijos de Abraham obraríais como él. Pero ahora queréis matarme a mí, al hombre que os dice la verdad que ha oído de Dios. Abraham no hizo eso. Jesús le dijo: Pero vosotros obráis como su padre. Ellos le dijeron: Nosotros no hemos nacido de la prostitución; tenemos un solo Padre, que es Dios.

Las editoriales Autores Cristianos y Prensa Católica no quieren arriesgarse a comentar este controvertido versículo, que parece señalar como bastardo a Jesús. Quizás fuera esto lo que motivó el evidente desarraigo de Jesús hacia su madre.

¿Por qué no se narra la vida y muerte de José? Nada menos que el elegido para ser el padre putativo del Hijo; esta es una suerte insuperable y supone un currículo tremendo para un hombre, sin embargo, su vida y obras son totalmente desconocidas. Digo yo que algo haría en su labor de padre que influyera en la manera de pensar de Jesús, sin embargo, sorprendentemente, es absolutamente silenciado. Tampoco se menciona nada sobre su muerte; no se sabe ni cuando ni como sucedió; se desconoce si fue enterrado o bien, si como ocurrió con su esposa y el Hijo, consecuentemente, subió al cielo en cuerpo y alma, lo cual hubiera sido lo más lógico. José debe ser unos de los santos con vida más desconocida y, no obstante, uno de los más famosos.

MATEO 4,18. Mientras caminaba a orillas del mar de Galilea, Jesús vio a dos hermanos: a Simón, llamado Pedro, y a su hermano Andrés, que echaban las redes al mar porque eran pescadores. Entonces les dijo: Seguidme, y yo os haré pescadores de hombres. Al instante, ellos dejaron las redes y lo siguieron... Continuando su camino, vio a otros dos hermanos: a Santiago, hijo de Zebedeo, y a su hermano Juan, que estaban en la barca de su padre, arreglando las redes; y Jesús los llamó. Inmediatamente, ellos dejaron la barca y a su padre, y lo siguieron.

Yahvé, dios padre y señor nuestro, había sentenciado en Génesis: <No es bueno que el hombre esté solo.> Además, había ordenado a la humanidad: -Creced y multiplicaos.- Pero, mire usted por donde, los ideólogos de la Iglesia Verdadera pusieron en boca del Hijo encarnado frases contrarias a lo especificado en el Antiguo Testamento. Así es, Jesús era partidario de que los lazos familiares se rompieran y, además, lo presentan como un destructor de familias. No hay más que imaginar el estado en que quedaría aquella familia del Zebdeo sin dos buenos pares de brazos para la pesca.

MATEO 10,35. Porque he venido a enfrentar al hijo con su padre, a la hija con su madre y a la nuera con su suegra; y así, el hombre tendrá como enemigos a los de su propia casa. El que ama a su padre o a su madre más que a mí, no es digno de mí; y el que ama a su hijo o a su hija más que a mí, no es digno de mí.

¿Cuál es la explicación a estos controvertidos versículos? El Cristianismo se ufana de ser el adalid defensor de la familia, pero, según la propia Revelación, la realidad es muy diferente, pues está escrito que le interesa aniquilar el apego familiar, seguramente porque así sus seguidores, una vez captados, harán todo lo posible por arraigar en su nueva familia de acogida. Con este proceder, la Iglesia Verdadera se aseguraba la fidelidad.

Visión de futuro

Cuando, hace ya casi una eternidad, diseñaron el Plan Divino, las Tres-Personas-en-Una idearon una serie de sucesos que a los humanos, aún siendo amorales, les pueden parecen execrables; sin embargo, creo que es justo reconocer que eran necesarios para el buen fin del Plan.

Me refiero a las consecuencias que derivaron de la implantación de la Buena Nueva. Yahvé conocía que muchas criaturas morirían persiguiendo o defendiendo la nueva secta escindida del Judaísmo, sabía que todo había de suceder así. Ya lo había demostrado con anterioridad cuando ahogó a más de setenta millones de personas, de ellas, un buen número eran inocentes niños; o cuando se enfrascó en mil y una batallas sangrientas en pos de la usurpación de la Tierra Prometida.

Por todo ello, el Hijo encarnado, el ser más amoroso jamás imaginado, tuvo que claudicar y someterse al designio divino trinitario. Él conocía que algunos de sus fieles seguidores serían arrojados a la arena del circo para ser devorados por las fieras. Asimismo, conocía al detalle los expolios y las matanzas que, transcurrido un tiempo, sus fieles comenzarían a infringir a los paganos. También él, formando parte de la Trinidad, ya había ideado que, varios siglos más tarde, se organizarían Guerras Santas y que sus fieles seguidores se afanarían en descabezar a los sarracenos. El Hijo conocía con perfección lo que sucedería: ¡Los católicos matarían en su nombre! Además, él, junto con las otras dos Personas, había proyectado un método infalible para proteger a su Reino en la Tierra: La Santa Inquisición.

¿Estamos obligados a creer que el Hijo, al encarnarse, tuvo que achantarse y no hacer nada para evitar esos desastres que se avecinaban?. Porque eso es lo que se pretende dar a entender: Que Jesús era conocedor del futuro y que, sin embargo, nada hizo por impedir las salvajadas que se cometerían en su nombre. Para quienes sucumban a esa creencia deberán admitir que el Hijo se limitó a cumplir con lo previsto por el Triunvirato; que todo eso lo traía bien aprendido cuando se encarnó; y que, no obstante, pese a sus supuestas buenas intenciones de solucionar todos los problemas venideros de la Humanidad, tuvo que mirar para otro lado, lo cual debería ser considerado un absurdo, a no ser que se implique a Pablo en esa incongruencia.

DIÁLOGO

Hoy conversamos con el Reverendo, uno de los teólogos más escuchados de nuestro país.

Reverendo, ¿Cómo pudo Jesús resucitar a los muertos si era hombre como usted y como yo?

_Si, pero también era Dios. Jesús nunca dejó de ser Dios y, además, contaba con el apoyo del Padre.

Estoy de acuerdo Reverendo, pero si Jesús era Dios y contaba con el apoyo de Yahvé, ¿por qué no consiguió convencer a las autoridades judías y romanas?

_Tenga en cuenta que nosotros, los hombres, nos obcecamos con nuestras ideas y no atendemos a lo que nos dicen, por muy evidente que sea.

Eso es muy cierto Reverendo, pero si Jesús era Dios y contaba con el apoyo de Yahvé, ¿por qué no hizo uso de su Inteligencia Infinita, Omnisciencia y Omnipotencia para soslayar ese inconveniente humano y así convencer a las autoridades judías y romanas?

_Eso es un misterio y no estamos capacitados para desentrañarlo.

En verdad que es un misterio inextricable. Si embargo, permítame Reverendo que le plantee el asunto de otra forma. ¿Cree usted que si Jesús hubiese convencido a las autoridades judías y romanas habría sido condenado y ejecutado?

_Es aventurado responder a esa pregunta, pues desconocemos el juicio que habría emitido aquella gente.

Lleva usted razón Reverendo, pero podemos hacer esta deducción razonada: Si por no haber convencido, fue condenado; es lógico creer que si hubiera convencido, es muy probable que hubiera sido absuelto. Porque si Jesús hubiera convencido a aquellas gentes de que él era el Hijo encarnado, al ser reconocido como el Dios Único y Verdadero, a nadie se le hubiera ocurrido ajusticiarlo.

_Es posible, pero son solo elucubraciones.

Bueno Reverendo, al menos ha aceptado una posibilidad. Antes, me decía usted que Jesús nunca dejó de ser Dios y que, además, tenía el apoyo de Yahvé.

_Así es.

Siendo así, le pregunto, ¿es cierto que Jesús amaba infinitamente a todas las criaturas sin excepción?

_Es muy cierto, y no solo eso, sino que, para demostrarlo, dio su vida por todas ellas.

En efecto, así fue. Le hago otra pregunta, ¿Es cierto que Jesucristo, antes de su encarnación y estando sentado a la derecha del Padre, sabía todo lo que había sucedido y sucedía, así como lo que sucedería a la Humanidad?

_El Hijo es Omnisciente desde la eternidad.

Por supuesto. Ahora bien, siendo así, le pregunto: Si sabía que en su nombre se llevarían a cabo las Guerras Santas y la Santa Inquisición, ¿por qué no puso todo su empeño, que era infinito, en impedirlo?

_Dios permite el libre albedrío de los hombres, y no desea impedir nuestros actos, que son libres.

Ya, pero esas Guerras Santas y los juicios de la Santa Inquisición estaban auspiciados por Papas, cardenales y obispos, que eran vicarios de Dios y recibían la inspiración del Espíritu Santo. De lo cual era conocedor el Hijo.

_Ninguna institución se libra de su leyenda negra, y la Iglesia siempre ha sido acusada por sus detractores.

Eso suele suceder. Pero, según he podido leer, hay pruebas fehacientes de que las Guerras Santas y la Inquisición no son leyendas sino sucesos reales.

_En la mayoría de los casos se han exagerado en exceso aquellos sucesos.

Es posible, pero, en cualquier caso, siempre quedaría esa otra minoría que fue auténtica y, como tal, inadmisible para el Cristianismo. Y esto me trae a colación otra cuestión.

Reverendo, hay un asunto que siempre me ha llamado la atención y, al respecto, le pregunto: ¿Por qué Jesús no curó todas las enfermedades y taras de la humanidad?

_Jesús no pudo intervenir curando a todos los enfermos del mundo porque eso iría contra el libre albedrío.

También sucedió con el milagro divino de la multiplicación de los panes y peces. ¿Por qué se limitó a dar de comer a unos pocos y no a todos los hambrientos del mundo? ¿No hemos quedado en que no hacía acepción de personas?

_Aquí respondo igual que en la cuestión anterior.

Ah, no había caído en eso. Pero, si ese es el motivo, estará de acuerdo, Reverendo, en que Jesús se saltó esa máxima cuando curó a unos pocos, que también eran partícipes del libre albedrío.

_Pero esos pocos seguramente eran la excepción que confirmaba la regla.

Reconozco que no se me había ocurrido esa justificación. Muchas gracias.

PREGUNTAS Y REPREGUNTAS

Las siguientes preguntas han de ser contestadas con el conocimiento que aportan la Revelación, la Tradición, la Fe, el Dogma, el Magisterio y el Catecismo.

Preguntas

¿Es cierto que en el principio eran Tres Personas, Padre, Hijo y Espíritu Santo, formando la Santa Trinidad?

¿Es cierto que la Santa Trinidad es Omnipotente, Omnisciente e Inmutable?

¿Es cierto que Yahvé, Señor nuestro, es el Padre?

¿Es cierto que todo lo que ha existido, existe y existirá, ha sido ideado, diseñado y creado por Yahvé?

¿Es cierto que el Hijo y el Espíritu Santo son copartícipes, junto con el Padre, en el Proyecto Creativo?

¿Es cierto que el Hijo, antes de su Encarnación, sentado a la derecha del Padre, conocía todo lo que había sucedido en la Tierra y lo que habría de suceder?

Preguntas y repreguntas

¿Es cierto que Yahvé sabía que algunos ángeles se rebelarían contra Él? ¿Por qué Yahvé creó a los ángeles rebeldes?

¿Es cierto que aquellos ángeles rebeldes siembran el pecado por todo el Orbe? ¿Por qué Yahvé no eliminó a los ángeles rebeldes?

¿Es cierto que Yahvé ideó, diseñó y creó todas las especies de plantas y animales? ¿Por qué Yahvé creó las plantas y los microorganismos que son perjudiciales para la salud, causan enfermedades y provocan muertes?

¿Es cierto que el Pecado Original es un pecado hereditario que imposibilita la salvación? ¿Por qué Yahvé ocultó al pueblo judío la gravedad del Pecado Original?

¿Es cierto que el Padre es infinitamente amantísimo de sus criaturas y nunca les haría daño? ¿Por qué Yahvé envió plagas mortíferas contra la humanidad?

¿Es cierto que el Padre es infinitamente amante de la paz? ¿Por qué Yahvé consiguió la Tierra Prometida mediante la guerra?

¿Es cierto que Dios nunca asesinaría a nadie? ¿Por qué Yahvé, dios padre y señor nuestro, ordenó asesinar a inocentes mujeres y niños?

¿Es cierto que Dios no sería vengativo? ¿Por qué Yahvé clamaba venganza con tanta frecuencia?

¿Es cierto que Dios se opondría a la iniquidad? ¿Por qué Jesús no criticó los asesinatos y las venganzas de Yahvé?

¿Es cierto que un símbolo del Cristianismo es la ayuda a los enfermos? ¿Por qué Jesús no curó a todos los enfermos del mundo?

¿Es cierto que el Hijo conocía el origen de todas las enfermedades? ¿Por qué Jesús no enseñó a combatir las enfermedades?

¿Es cierto que el Hijo habría curado a todos por igual, sin importar el lugar ni la distancia? ¿Por qué Jesús solo curó a quienes tenía cerca?

¿Es cierto que un símbolo del Cristianismo es dar de comer al hambriento? ¿Por qué el Hijo, durante su encarnación, no erradicó el hambre que mata a millones de niños en los países lejanos?

¿Es cierto que el Hijo era amante de la paz? ¿Por qué Jesús no evitó que, al amparo de su nombre, se patrocinaran la Guerra Santa y la Santa Inquisición?

¿Es cierto que la Encarnación del Hijo era imprescindible para la Redención de las almas? ¿Por qué transcurrieron más de cuatro mil años desde el Pecado Original hasta la Redención?

¿Es cierto que el Hijo Encarnado estaba dotado con el poder infinito de convencimiento? ¿Por qué Jesús fue condenado por no convencer a los líderes sobre su persona y su misión en la Tierra?

¿Es cierto que los cuerpos gloriosos son impasibles y no pueden morir ni sufrir más? ¿Por qué Jesús, una vez resucitado con su cuerpo glorioso, no se mostró a todos los líderes que le condenaron? ¿Por qué Jesús resucitado se escondió huyendo de las autoridades?

¿Existe alguna posibilidad de que Dios pueda morir de alguna manera? ¿Por qué murió el Hijo encarnado en Jesús?

¿Es cierto que la Trinidad consigue un éxito total y absoluto en todo lo que se propone? ¿Por qué, después de dos mil años, sólo el 20% de la población mundial es considerada cristiana?

¿Es cierto que los tres acontecimientos que atestiguan al Hijo son la Encarnación, los milagros y la Resurrección? ¿Por qué solo dos evangelistas (Mateo y Lucas) contaron sobre esos tres asuntos? ¿Por qué dos evangelistas (Marcos y Juan) no dieron detalles sobre el extraordinario suceso de la Encarnación?

¿Es cierto que el Hijo era capaz de evangelizar al instante y al unísono a toda la Humanidad? ¿Por qué Jesús evangelizó solo a unos pocos?

¿Es cierto que el Hijo era universal? ¿Por qué Jesús solo actuó en una pequeña área local?

¿Es cierto que el Hijo está capacitado para cualquier misión y en cualquier momento? ¿Por qué Jesús esperó treinta años para ejercer su misión?

¿Es cierto que el Hijo no teme a nada ni a nadie? ¿Por qué Jesús se ocultaba?

¿Es cierto que el Hijo es infinitamente poderoso y no puede ser tentado por nada ni por nadie? ¿Por qué Jesús fue tentado por Satanás?

Hay muchas más preguntas y repreguntas que quedan en el aire...

CUESTIONARIO SOBRE LA HISTORIA DE LAS RELIGIONES

Un cuestionario para conocer el nivel de conocimiento de las religiones. Cada pregunta puede tener una, dos o tres respuestas válidas. Al final se muestran esas respuestas.

1. ¿Quién nació de una virgen el 25 de Diciembre?

a) Atis

b) Júpiter

c) Buda

2. ¿Quién nació en un pesebre o cueva?

a) Zeus

b) Mitra

c) Horus

3. ¿Quién murió crucificado por la salvación de la humanidad?

a) Zoroastro

b) Atis

c) Jesús

4. ¿Quién de estos dioses fue crucificado?

a) Dioniso

b) Marsias

c) Licurgo

5. ¿Quién enseñó en el templo con doce años?

a) Jesús

b) Zeus

c) Buda

6. ¿Quien descendió al inframundo y resucitó a los tres días?

a) Osiris

b) Atis

c) Mitra

7. ¿Quién tuvo doce discípulos?

a) Horus

b) Jesús

c) Mitra

8. ¿Quién tenía en su religión el rito de la Cena del Señor con la eucaristía?

a) Mitra

b) Buda

c) Zoroastro

9. ¿Quién fue bautizado con agua en presencia del Espíritu de Dios?

a) Horus

b) Buda

c) Jesús

10. ¿Quién curó enfermos y alimentó a una multitud que le escuchaba?

a) Jesús

b) Mitra

c) Buda

11. ¿Quién caminó sobre las aguas?

a) Zeus

b) Buda

c) Jesús

12. ¿Quien presidía la cena en que se dijo esta frase?: El que no coma de mi cuerpo y beba de mi sangre de modo que se confunda conmigo y yo con él, no obtendrá la Salvación

a) Osiriris

b) Mitra

c) Jesús

13. ¿A qué hijo puede referirse esta frase?: Salve virgen y madre. Tu hijo será el salvador del mundo.

a) Jesús

b) Zoroastro

c) Krishna

14. ¿Qué libro sagrado establece que una chica que no sangra en su noche de boda debe ser lapidada hasta la muerte?

a) El Corán

b) La Biblia

c) Los Vedas

15. ¿Qué texto sagrado es favorable a la esclavitud?

a) Antiguo Testmento

b) Nuevo Testamento

c) El Corán

16. ¿Quién ha sido considerada "madre amantísima, "reina del cielo", "expendedora de gracia", "salvadora", "sin mancha", "reina santa", "madre dolorosa"; y mostrada con un manto azul ornado de estrellas y con el hijo de Dios en sus brazos?

a) María, madre de Jesús.

b) Astarté, la diosa cananea.

c) Isis, la diosa egipcia.

17. ¿A qué religión se refieren estos versos?: Vuestro dios ha resucitado. Sus penas y sus sufrimientos asegurarán vuestra salvación...

a) Cristianismo

b) Judaísmo

c) Mitraismo

18. De quién se dijo: "¡Os ha nacido hoy el salvador!"

a) Osiris

b) Jesús

c) Buda

19. ¿Quién hizo un retiro antes de su actividad y fue tentado?

a) Heracles

b) Zaratustra

c) Jesús

20. ¿Quién inició su actividad doctrinal en torno a los 30 años?

a) Buda

b) Jesús

c) Osiris

21. ¿Quién resucitaba a los muertos ante numerosos testigos presentes?

a) Asclepio

b) Heracles

c) Jesús

22. ¿De quién se habla si se dice que es adorado sobre un altar con vasos de vino y una cruz?

a) Buda

b) Jesús

c) Dioniso

23. ¿De quién se dice que prohibió matar, robar, mentir, mantener relaciones prohibidas, respeto a los padres, alabó a los pacíficos, enseñó a vencer el mal con el bien, predicó el amor al enemigo, rechazó la acumulación innecesaria de tesoros y prefirió la misericordia al sacrificio.

a) Jesús

b) Zoroastro

c) Buda

24. ¿De quién se dice que murió estando presentes su madre y su discípulo predilecto?

a) Heracles)

b) Krishna

c) Jesús

25. ¿Quién nació de una virgen engendrada por Dios?

a) Rómulo

b) Zaratustra

c) Reno

26. ¿Quién de ellos fue polígamo?

a) Jacob

b) San David, rey de Israel

c) Mahoma

27. ¿Quién fue enviado a la Tierra para salvar a los hombres?

a) Heracles

b) Dioniso

c) Marduc

28. ¿Quién se autodenominaba "El Hijo del hombre"?

a) Buda

b) Jesús

c) Mitra

29. ¿Quién ordenó a las mujeres permanecer en silencio durante los servicios religiosos?

a) Mahoma

b) San Pablo

c) San Judas

30. ¿Quién pronunció esta frase: "Padre, en tus manos encomiendo mi espíritu?

a) Mitra

b) Heracles

c) Jesús

31. ¿Quién dijo esto?: Es necesario defender la religión no solo con palabras sino con un tajo de espada que había que enterrar en el cuerpo de los descreídos...

a) Mahoma

b) Lutero

c) San Luis

RESPUESTAS

1 = a-c	2 = b-c	3 = b-c	4 = a–b-c	5 = a-c	6 = a–b-c
7 = b-c	8 = a-b	9 = b–c	10 = a-c	11 = b-c	12 = b-c
13 = a-c	14 = b	15 = a-b	16 = a-c	17 = a-c	18 = a-b
19 = a–b-c	20 = a-b	21 = a-c	22 =b-c	23 = a-c	24 = a-c
25 = a-c	26 = a–b-c	27 = a-b-c	28 = a-b	29 = b	30 = b-c
31 = c					

RESULTADOS

- Más de 25 respuestas correctas: ¡Enhorabuena! Posiblemente usted no es católico.

- De 20 a 25 respuestas correctas: No está mal. Es probable que usted no sea cristiano.

- De 15 a 20 respuestas correctas: Solo regular. Puede que esté pensándoselo.

- De 10 a 15 respuestas correctas: No tiene ni idea. ¿Por qué no lee más sobre esta materia?

- De 5 a 10 respuestas correctas: Así no va a ninguna parte. Lo más probable es que usted sea cristiano.

- Menos de 5 respuestas correctas: ¡Uffff! Mejor me callo. Estoy convencido de que usted es católico.

BIBLIOGRAFIA

Sobre la Biblia:

- Sagrada Biblia. Versión directa de los textos primitivos.

Por Mon. Dr. Juan Straubinger. LA PRENSA CATÓLICA. Chicago – México.

- Sagrada Biblia. Versión directa de las lenguas orientales.

Por Eloíno Nácar Fuster y Alberto Colunga, O. P.

BIBLIOTECA DE AUTORES CRISTIANOS. Madrid.

http://biblia.catholic.net/

Sobre el Catecismo:

http://www.vatican.va/archive/catechism_sp/index_sp.html

Sobre asuntos divinos:

http://www.interbiblia.com/estudios/teologia.htm

Sobre escepticismos:

- Colección Enigmas del Cristianismo, por Karlheinz Deschner.

EDITORIAL MARTÍNEZ ROCA.

- El Hombre que se convirtió en Dios, por Gerald Messadié.

CÍRCULO DE LECTORES.

Fuente: Flavio Josefo. Obras completas de Flavio Josefo, en 5 volúmenes traducidos del griego al español por Luis Farré. (Buenos Aires: Acervo Cultural / Editores, 1961.) Vida de Josefo: Vol. 1, págs. 21-69.

Vida Oculta de Cristo, por Enrique Cases.

http://www.teologiaparavivir.net/_tpv_docs/086_la_vida_oc ulta_de_cristo.pdf